ジョルジュ・ブラッサンス

―――― シャンソンは友への手紙 ――――

Florence Trédez
フロランス・トレデズ

緒方信雄　訳／高岡優希　監訳

CHOEISHA

ジョルジュ・ブラッサンス（1977 年 10 月 12 日撮影）
Photo by Keystone-France/Gamma-Rapho via Getty Images

ジョルジュ・ブラッサンス
——シャンソンは友への手紙——

目次

凡　例

●書籍、アルバム名、論文集などは日本語は『』、その二重括弧内に原題を《 》で入れた。

●個々の歌のタイトルは、日本語は「」、その括弧内に、原語のタイトルをイタリック体で表した。

●人名、地名については、初出時のみフランス語の綴り字を併記している。二回目以降は日本語のみ。

●人名、地名のカタカナ表記は、周知のものについては、極力、慣例として用いられている表記に従った。

天才の特性は、愚かな人間には二十年後にしか理解できないような発想を提供することです。[1]

ルイ・アラゴン

私は憑りつかれている。蒼穹！　蒼穹！　蒼穹！　蒼穹！[2]

マラルメ

フランス国立民衆劇場でのコンサートに出演する
ジョルジュ・ブラッサンス
（ヴィルールバンヌ、1966年、撮影：ロジャー・ピック）

プロローグ　「シャンソン、それは友への手紙である」

「時の意のまま、時は過ぎ行く」(3)、ブラッサンスがこの世を去って十八年、一九九九年の彼の命日に、ある日刊紙はこのようなタイトルを付けた。十八年というのは、人が成人する年齢である。既成概念から解放され、固定観念を否定し、遺産を要求できる年齢である。現在フランスではジョルジュ・ブラッサンスの新しい後継者であると言える人たちが、都市郊外のミュージシャンたち、ＭＣソラー MC Solaar やＩＡＭのようなラップ歌手の中にも見られる。彼らは的確な言葉を追い求め、うまい脚韻を大いに楽しみ、あるいはこれまでになかったようなスイング調の演奏をして、社会に衝撃を与えている。他にもドミニックＡ Dominique A やミオセック Miossec のように、ギターを手に、第一に簡潔さと完全さを重んじる向きの者たちもいた。

要するに、意識的にせよ、無意識であったにせよ、髭の詩人ブラッサンスの影響は消え去ろうとしているわけではない。稀に見る資質と不滅の作品だけではなく、ブラッサンスは一つの原形を表している。まさに、芸術家の名にふさわしい芸術家の原形であると言えよう。デビュー当時はヨブのように貧しく、無政府主義者で、反骨の人、ボヘミアンでもあり、取るに足りない負債を社会に対し正直に働いて返済することを拒み、結婚、戦争、そして革命を拒否した。次いで三十歳台にして成功がやってきたが、なんの役にもたたない名誉や金銭の投機、栄光やいかなる甘言にも妥協せず、一本のまっすぐな自分の道から少しも外れることはなかった。四つのアクセサリー（口ひげ、パイプ、ギター、彼が片足を置く椅子）で描写される常に変わらぬ外見に至るまで、この人物は森のざわめきに対して超然とした一本の楢の木(4)であった。

人種偏見や外国人嫌いが横行し、時にフランス人であることが恥ずかしく思えた時代に、貧しい石工の息子であり、母親の血筋で半分イタリア人でもあるジョルジュ・ブラッサンスは、国家の良心において最良のものを体現している。死刑制度への徹底した反対論者である彼はその歌の中で、「どこかで生まれた幸せな馬鹿者たち」や「国粋主義者の輩、軍人の記章をつけた連中[5]」を激しく非難し、彼の知性と寛容の精神を、彼のディスクを買い、彼のコンサートを聴きにやってくる数え切れぬほどの人たちに、少々ぶつけることになるのだった。

フランソワ・ヴィヨン[6] François Villon やジャン・ド・ラ・フォンテーヌ[7] Jean de la Fontaine の後裔である彼の音楽や文体は、伝統的ではあるが決して時代遅れなものではない。大いに古典的でありながらも、時間を超越しているため、むしろとても現代的になっている。そして定期的に彼の作品を原点に戻って聴くことは必要であり、慰めであり、いつも新鮮な喜びである。人生の節目節目に、存在に関する苦悩を感じるたびに、束の間の幸せを感じるたびに、ブラッサンスの歌を思い出すのである。若くても、反逆的であっても、他人に対して怒り狂っていても、また自分に不満であっても「悪い噂 *La mauvaise réputation*」や「雑草 *La mauvaise herbe*」を味わうことができる。一人前の男であっても、こんな歌を聴きながらマグダラのマリアのようにさめざめと泣くこともできる。

生涯

忘れはしないだろう
女の子を初めて
腕に抱いたときのことは
彼女が裸になった時には
いかに勇者ぶろうとしても駄目だった
我が心よ、覚えているかい？
びくびくしていたことを[8]……

恋の痛手に泣いても、

今日は九月二十二日、だがそんなことはどうでもいい
あなたがいないのにもう淋しくないのは、悲しいもんだ[9]

を聴くと、たちまち癒される。ちょっぴり悲しい話を聴きたくなったら、「王女と三文楽

ト *La princesse et le croque-notes*」を聴きながら踊ることもできる。心が弾んで幸せなときは、「澄んだ泉のほとりで *Dans l'eau de la claire fontaine*」を口ずさむこともできる。「噂の吹聴師たち *Les trompettes de la renommée*」を聴いて笑うこともできるし、「尻たたき *La fessée*」で陽気になることも、「結婚行進曲 *La marche nuptiale*」で動転し、「独身主義者のバラード *La non-demande en mariage*」や「セートの浜に埋葬を望む嘆願書 *Supplique pour être enterré à la plage de Sète*」に有頂天になることもできる。

友人の一人が病気になった時、ブラッサンスはギター片手に彼のもとに駆け付け、何も言わず、彼を慰めるために自分の歌のいくつかを歌ってやるのだった。実際は、何も変わることはなかった。しかし生きることの苦痛がとても強いときには、彼は私たちの苦しみを鎮める詩と旋律を作り続ける。彼自身も人並みにこの世で途方に暮れてはいたが、それを「自分の養分にする」天賦の才を持っていた。歌は「友への手紙」であると彼は言っていた。なんと幸運なことだろう。我々は望めば、自分もジョルジュ・ブラッサンスの友人と思うことができるのだから……。

【訳註】

（1）Louis Aragon : On sait que le propre du génie est de fournir des idées aux crétins une vingtaine d'années plus tard.（『文体論《Traité du style》』1928）

（2）Stéphane Mallarmé : Je suis hanté. L'Azur ! L'Azur ! L'Azur ! L'Azur !（「蒼穹 *l'Azur*」1864）。原著では Je suis hanté ! と感嘆符が付いているが、マラルメの原典ではピリオドとなっているので、ここでは原典に従い、感嘆符を取った。

（3）「サテュルヌ *Saturne*」Le temps tue le temps comme il peut. ブラッサンスの命日は一九八一年十月二十九日。

（4）「楢の大木 *Le grand chêne*」

（5）「どこかで生まれた人たちのバラード *La ballade des gens qui sont nés quelque part*」

（6）十五世紀のフランスの詩人『遺言詩集《Le Testament》』など。

（7）十七世紀のフランスの詩人『寓話《Les Fables》』など。

（8）「初めての女の子 *La première fille*」

（9）「九月二十二日 *Le vingt-deux septembre*」

第一章　ママン、パパ

一九一九年十二月、村は、取り立てて何もない村だったが、オスピス通り五十二番地の寡婦が五十四番地の年輩の青年と結婚するという話で持ちきりだった。おしゃべり女たちがそれを評して、「あの哀れな娘も、偉かったわね！　この前の大戦で旦那は小さな女の子を残して死んぢまったんだって！　亡くなった彼はブジーグ[1] Bouzigues で樽屋だったみたい。ルイと一緒になって、三人揃ってお祖父さんのブラッサンス家に身を落ち着けるらしいね！　石屋の家だから、それは丈夫にできていて、大所帯でも心配ないってことかね！」とのことであった。

それから二年経った一九二一年十月二十二日土曜日、午後六時のことである。生まれたばかりの赤ん坊の力強い泣き声が、黄色い三階建ての家の壁を揺さぶった。家は、セート

（当時セートは Cette と綴られ、まだ現行のように Sète ではなかった）の庶民的な界隈であるオスピス通り五十四番地にあり、ここは活気に満ち陽当たりも良く、鰯を焼く香りの漂う町であった。ジョルジュ・シャルル・ブラッサンスは、地中海沿岸出身の一族に生まれ落ちた。この一族には個性豊かな六人の面々が揃っていた。誰もがルイと呼んでいた父親のジャン＝ルイ Jean-Louis、そのルイの父親も、またその父親も同じく、石工であった。そのように遠くまで遡ることができたのは、「ブラッサンス Brassens」という単語は古いフランス語で「腕っぷしの強い男」を意味していたからである。一族は代々瓦職工とか家屋の職人で、カステルノダリ Castelnaudary(2) の出身だった。ごく最近セートに移って来たのだが、大ピラミッドの奴隷たちが運んだ石の数ほど、あるいはそれ以上の石を運んだものだった。堂々とした肩幅と大袈裟な口ひげをはやした誇り高き屈強な男ルイは、実際は菫《すみれ》の花より恥ずかしがりやで、穏やかで親切心にあふれ、口数の少ない男だった。母親のエルヴィラ・ダグローザ Elvira Dagrosa はイタリア人で、ナポリの日雇い労働者の娘だった。父親がアルプスの反対側から好機を求めてフランスにやって来たのだった。顔が大きく、意志の強い女主人、まさにイタリアの「マンマ Mamma」だった。時に要求がましいこともあったが、それも彼女自身、無理を強いられた生活をしていたからなのだろう。彼女の娘で、ジョルジュの異父姉となるシモーヌ Simone は十歳になろうとしていた。祖母マルグリット Marguerite は旧姓ジョスラン Josserand で、夫のジュール Jules と同じくオード県からやってきた。ジュールがフランス第二の港町に移ろうと決めたのは、この地が他より仕事が見つけ易かったからである。このジュールはとんでもない変わり者だった。道化師のように滑稽で、カフェ・コンセールの芸人のように芸達者だった。そして大の猫好きだった。雌の黒猫がいて、この猫は一族に欠かすことのできない六番目の家族であり、近所の人がぽちゃぽちゃした乳児を褒めそやしにやってくる間、のんびりと敷居の上で足をなめていた。

小説の主人公のような名前を持ったエルヴィラが、夫婦の間で主導権を握っていたことは、そのうち分かってくる。実際、カトリックの信者であり、またその勤めをよく守る彼女は、断固とした反教権主義者である夫のやんわりとした反対にもかかわらず、息子に洗礼を受けさせ、また修道女の管理する幼稚園に、遅くからではあったが登録した。ママンとパパのどちらの言うことを信じたらよいのだろう？　ブラッサンスは無神論者ではあったが、生涯、無意識のうちにもその問いを自らに投げかけ続け、漠然とした冷めた愛で神に対処しており、五十余りの歌の中に神を引き合いに出している。自身は「不信心者 *Le mécréant*」であったが、彼はロベール・バレス Robert Barrés 大修道院長とは子供の頃からの友人で交遊関係は続いていたし、近親者や親族の数多くの結婚式や洗礼式、葬儀に反対もせずに参列した。

もし神が存在されるのでしたら、結局のところ、神様はお分かりでしょう
私が信仰をもっていなくても、そんなに悪い振舞いをしていないことを(3)

幼児期のジョルジュはアヴェマリアの祈りをあまり気にせず歌っていたが、司祭や聖歌隊の子供たちが掛け合いで歌う祈りの節よりも、ブラッサンス家での、パンと水を口にしながら毎日聞くことのできる庶民の歌のほうが、彼は迷うことなく好きだった。音楽教育はすでに、母親の胎内にいる時に始まっていた。というのは息子本人の言葉を借りれば、エルヴィラは「歌の闘士」だったからだ。洗濯していても、アイロンを掛けていても、製

菓用の麺棒で生地を広く正確に伸ばしていても（そんな風に彼女は、知らず知らずのうちに、リズムの感覚を息子に与えていたのだろうか？）、ママンは口ずさむ。歌の順番も種類もお構いなく、何でも聞かせてくれた。彼女の故郷を偲ばせるナポリのベルカント、オペレッタやオペラ、夜、手芸をする代わりに彼女が小学生ノートに書き写した最新の流行歌「オーソレミオ *O sole mio*」や「さくらんぼの実る頃 *Le temps des cerises*」と。一家の他の連中もそれに負けてはいなかった。思春期の姉シモーヌは、両親が結婚祝いにもらった家庭用蓄音機で、「愛の町 *Ville d'amour*」やアンリ・ギャラ Henri Garat の「良き友を持つこと *Avoir un bon copain*」を聴いて夢を膨らませていた。祖父のジュールは「マドロンちゃん、こちらへ来て酒を注いでおくれ(4) La Madelon, viens nous servir à boire」と音頭を取って歌いながら、ワインを注いでまわる仕草を面白おかしく再現し、孫を笑わせた。ジョルジュの方は、小さいが正確な声で歌い、すこしずつ自分の好みを作り上げていった。ティノ・ロッシ Tino Rossi や、ヴァンサン・スコット Vincent Scotto の書いたティノ・ロッシのレパートリーを大いに称賛していた。いつの日かジャン・ノアン Jean Nohain やミレイユ Mireille のように「ハシバミの匂う小道 *Le petit chemin qui sent la noisette*」を歩くこと、そして、いささかジャズ狂で「フーシャンタン（歌う狂人）Fou chantant」と呼ばれていたシャルル・トレネ Charles Trenet の後を追うことを、心に誓った。詩的世界が、手軽なものであってもそこにはあった。そして既に彼を近寄りがたいどこか別の世界へと運んでいた……。

というのは、日々の生活はブラッサンスにとって楽しい時ばかりではなかったからだ。同じ年頃の少年たちと同様、彼も喧嘩好きで気性が激しく、宿題をしたり先生の授業を聴かねばならぬ時には、ことさらに怠けたり集中力に欠ける態度を示したものだ。授業は片方の耳から入るとすぐまたもう一方の耳へと、それはシャルル・トレネの歌の一節「ああ、きれいだなあ、ミルク売りは、ああ醜いな、水売りは[5]」より速く抜けてゆく……そして勉強は、彼のか細い肩に、時々父親の手助けをして荷車で運ぶモルタルの重荷よりずっと重くのしかかるのだった。学校では、ジョルジュは完璧な劣等生の印象を周囲に与えていた。上っ張りには紫色のインクのしみをつけ、教室の奥のストーヴのそばに座り、休み時間にしか目を覚まさず、目を覚ますとまた元気が出て、可笑しなあだ名を先生につけて回るような無礼な行動にも走った。こんな冗談好きな癖は、大人になっても残っていた。家庭ではエルヴィラは、「もっと努力を」だらけの腹立たしい通知簿を読んで髪を掻きむしることが多かった。だから、時には後先を考えず、厳罰を加えざるをえなかった。この先絶対にモーターバイクを買ってやらないと言ったり、国立高等音楽院に入りたいと切に希望していたのに、音楽の授業への出席を独断で止めたりもした。「私は幸せな子供時代を送りましたが、それを学校で台無しにされました。母はとても厳しくて、私に良い成績を取ることを強く求めたのです。」とあるインタビューでブラッサンスは告白している。「母を喜ばせられないのは問題でしたが、身勝手ながら、勉強はしたくなかったし、母を喜ばせる気もなかったのです。」彼はさらに付け加えて、「中学校ではあまり成績が芳しくなかったので、母は音楽の授業を禁じたのです。それが勉強の邪魔をしていると考えたから。イタリア移民の善良な娘であった母の夢は、息子が役人になるのを見ることでした。私はかなり利発な子だったのに、学校ではあまり勉強をしないのが母には気に入らなかったのです。私は母を長い間、恨みに思っていました。実際は、長い間といっても、六ヵ月間ですが。私は恨みを長く抱いていることができない性質《たち》なので。」いずれにしても次の本当に素朴で感動的な歌を聴くと、いかなる恨みの気持ちも全て消えてしまう。

ママン、ママン
この歌を聴くと
ママン、ママン
僕は小さな子供に戻る
教室ではおとなしく
お母さんを喜ばせ
良い成績を取るよ
それがママンの望みだから(6)

ほとんど全ての科目が中以下の成績だったが、どちらかと言うと体格の良い（恐らくは隔世遺伝）ジョルジュは体操で埋め合わせをし、当然のことながら、国語の成績も良かった。十四歳の時、彼の弁によれば「下らぬたわごと」を書き始めた。それは不器用ではあってもこみ上げる胸の内を打ち明けんとする感動的な詩だった。もっと驚くのは、糞尿譚的な作品『ラリー・カカム « Lalie Kakamou »』(7)の原型が既に書かれていたことである。この未完成原稿は後に、彼の小説『奇跡の塔 « La Tour des miracles »』の中にその片鱗を見ることができる。いずれの手法でも、因習的な道徳に対して言葉で反抗している。

中学校では、彼の文学の教師である日曜詩人のアンドレ・ボアトン André Boiton が、劣等生であったブラッサンスの関心を引くようになった。しかし、とりわけ三年時の教師アルフォンス・ボナフェ Alphonse Bonnafé のお陰で、ジョルジュ・ブラッサンスは突如、心の世界が詩人たちとの交流に対し開かれ、詩人たちとの驚くべき雑居状態に陥り、そこからもう離れられなくなったのである。このボナフェは今ならば、好ましからぬ教師ということになるかもしれない。ボクシングの元チャンピオンで、だらしない身なりを好み（当時の流行は山高帽にハードカラー）、そして授業中はくだけた姿勢で、お尻を自分の机の上にのせていた。ボナフェは映画『いまを生きる』(8)におけるロビン・ウィリアムズ Robin Williams の先駆者とも言え、彼に匹敵する者は他にはいなかった。彼は、ボードレールやヴェルレーヌ、ランボー、アポリネールによって書かれた魅惑的な音の響きよりも、港で魚を売る声に慣れている田舎の若い聴衆者たちの心を捕らえたのである。「十四、五歳の頃、私たちは野生児でした。それが詩人たちを愛し始めたのです。この大転換は評価せねばなりません。この先生のお陰で、私は何か大きなことに目を開かされたのです。ずっと後になっても歌を書くたびに、ボナフェ先生は気に入ってくれるだろうか？　と、自分に問いかけたものです。」

栄光とその栄光に隷属する日々を待ちつつ、多かれ少なかれ学業はなおざりにし続け、ジョルジュはセートの自然を満喫した。太陽、水浴、友達とのサイクリング、それはアンリ・デルポン Henri Delpont、ヴィクトル・ラヴィル Victor Laville、エミール・ミラモン Émile Miramont、ルル・ベスティウ Loulou Bestiou、これら有名な「馬鹿者バンド bande de cons」の騒々しい黎明期のメンバーは、後々まで彼と離れることはなかった。この「紳士方」は女をあさり、学校をさぼって遊び、スイング楽団を結成した。レイ・ヴァンチュラ Ray Ventura とそのグループのファンであったジョルジュは、ついに、芽生えつつあるリズム感を自在に発揮できるようになる。音楽の基礎知識も楽譜もなかったが、手に触れるテーブル、瓶、ドア、ワイングラス等あらゆる物を片っ端から連打した。彼のソルフェージュの指使いは我々には知る由もないが、それは既に作曲と言っても良かった。彼はジャズや音楽学校ではなく、パリや起伏に富んだ生活、ジャーナリズムを夢見るようになる。
しかしメロドラマ風のある事件がこの表面的な静けさを打ち砕き、同時に首都行きを早めることになる。女の子たちをびっくりさせようと、また人目を惹こうとして酒場で何杯かのアニゼットを奮発して飲んだブルジョアの息子たち（平均年齢十八歳）は警察をものともせず、宝石泥棒を企てたのである。事件は地元で大騒ぎとなった（一九六〇年代に流行った「非行少年」はまだこの当時はめずらしかった）が、ブラッサンスも実際盗んだのは自分の姉の指輪だけで、あとは悪行というより連帯ゆえの見張りをしていただけだったが、その名が公表された。一九三八年から一九三九年にかけての冬のことだった。ジョルジュは髪にポマードをつけ、クラーク・ゲーブル風の薄い口ひげを蓄え、十八歳になろうとしていた。罰は禁固一年で執行猶予付きだったが、彼は人生の厳しさを思い知った。裁判所から出ると、群集は執拗に「死刑だ！」と罵声を浴びせかけ、さらにはブラッサンスは中学校を退学となる。

私は誰にも迷惑をかけていない

地道にやっているだけ
ところがまともな連中は好まない
自分たちと違う道を進む奴を(9)……

「悪い噂」の他にもこの逸話は、もうひとつの有名な歌を生み出した。「四人の若者 *Les quatre bacheliers*」である。彼はそこに見事な父親像を描き、（警察に息子を引き取りに来た）父親ルイ・ブラッサンスの素晴らしい寛容さと理解力を浮き彫りにした。

彼（父親）が盗人を引き取りに来た時
憚りながら
不幸な展開が予想された
不幸な展開が

しかし彼は、声高に言わなかった

憚りながら
自分の名誉が汚された、とは
名誉が汚された、とは

静寂の中に聞こえたのは
憚りながら
彼が言った一言「やあ、おまえ
やあ、おまえ」

（…）

だけど私は知っている、道を踏み外した子は
憚りながら
縛り首になることを

縛り首に

その子供が運がよかったのは
憚りながら
こんな父親がいたことである
こんな父親が(10)

「父とはあまり話をしませんでした。」とブラッサンスは言う。「お互い通じ合っていました。性格が似ていたから。私はいつも父が大好きでした。父は私のことをあまり構おうとはしなかったからです。父は私のことを信頼してくれていて、決して私のことにくちばしを突っ込もうとはしませんでした。」

彼に生を与えたこの立派な父親ともやがて別れて、ジョルジュ・ブラッサンスは母方の叔母のアントワネットの経営する下宿に寄宿させてもらうため、パリに戻ることになる。「風が吹き起こる。生きようとつとめねば！(11)」と、セート出身の別の詩人ポール・ヴァレリー Paul Valéry は言ったようだ。ブラッサンスは思った。あそこ、首都では誰も彼が「雑草」だとは思わない。思っているのは「ご立派な方々、ご立派な方々(12)」の面々。実のところ一九四〇年二月、首都パリには、フランス全土を覆う大きな気がかりが、他にあったのだ。

【訳註】

（1）フランス　エロー Hérault 県南仏の海沿いの小さな村。

（2）フランス　オード Aude 県　トゥールーズとカルカッソンヌの間に位置している。

（3）「不信心者 *Le mécréant*」

（4）「ラ・マドロン *La Madelon*」一九一四年に Bach（Charles-Joseph Pasquier）によって作られた流行歌。

（5）“Ah, qu’il est beau, le débit de lait, ah qu’il est laid, le débit de l’eau” トレネの「水売りとミルク売り *Débit de l’eau, débit de lait*」の中の一節。

（6）「ママン、パパ *Maman, Papa*」

（7）Kakamou は、「柔らかいウンコ caca mou」を意味する糞尿譚的言葉遊び。

（8）アメリカ映画『いまを生きる « Dead poets society »』監督ピーター・ウィアー Peter Weir 主人公の英語教師（ロビン・ウィリアムズ）は、新しく赴任した厳格なエリート校で、生徒たちに詩を読んだり書いたりすることを通して、真実の自分と向き合い自由な感性をもって生きることの大切さを説く。フランス公開時のタイトルは『今は亡き詩人たちのサークル « Le cercle des poètes disparus »』。

（9）「悪い噂 *La mauvaise réputation*」

（10）「四人の若者 *Les quatre bacheliers*」

（11）"Le vent se lève. Il faut tenter de vivre !"（ポール・ヴァレリー Paul Valéry「海辺の墓地 *Le cimetière marin*」）

（12）"De la mauvaise herbe, braves gens, braves gens"「雑草 *La mauvaise herbe*」

第二章　時は経っても事態は変わらぬ(1)

「パリよ、さあこれから俺とお前の勝負だ！」とラスティニャック Rastignac(2) よろしく、我らがブラッサンスは改札のパンチの入った三等切符を手に列車から降りた。持っていたのは、身の回りの品の入った小さな包みと、夢想の詰まったスーツケース一つだけだった。天才的な小説家になれるのか？　それともスリに？　呪われた詩人に？　あるいはごく単純に浮浪者になるのか？　これら四つの選択肢の間で彼の心は揺れ動く。当時から既に変わり者だった青年には不本意だったが、現実的な分別のある叔母アントワネットから仕事を探すよう強いられる。そこでなんとなく製本屋の仕事から始めたが、最終的にジョルジュはブローニュ・ビヤンクールにあるルノー工場の専門工に、不承不承落ち着いた。夜は、彼には高級に過ぎた十四区アレジア通り(3)百七十三番地の叔母の下宿に戻ったが、その困難な時期の苦渋の混じった所在なさを紛らわしてくれたのは、そこにあったピアノだった。ブラッサンスは熱心に、和音を奏でることを覚えた。

休戦がほどなく締結され、フランスはドイツ軍の占領下に入る。ルノーの工場は手ひどい爆撃を受け、操作見習いであったブラッサンスは失業に追い込まれた。ドイツ軍はパリに入城した。彼は、首都パリで合流していた友人のルル・ベスティウとともに、何百人ものフランス人の集団避難にうまくついて行き、やむをえないときは貨物列車にも乗って南へと向かい、セートへと帰って来た。三ヵ月後、状況は良くなかったが、彼は一人でパリに戻った。アントワネットのピアノの白と黒の鍵盤に触れるためでないとすれば、運命には抗いきれなかったからであろう。アントワネットは彼を部屋に寄宿させ食事を賄うことに同意した。彼が再びルノーで働けることとなり、彼の乏しい所持金を補うため両親が小遣いを送る、と約束してくれたからである。

内気で無頓着で、と同時に熱心な二十歳の独学の人ブラッサンスにとっては、ここから本当の苦労が始まるのである。そしてその苦労こそが彼にとって、技術の習得を教えてくれる唯一無二なものであった。時は種蒔きの時期であった。しかしその収穫の時期がいつやってくるのかは、ブラッサンスは知る由もなかった。それがわかるのは後のこと、それもかなり後のことであった。漆塗りの楽器を再び手に入れると、毎日、その楽器のあらゆる秘密を追及した。おかげでメロディを弾けるようになり（もっとも彼は生涯、通説には反するが、ピアノで作曲を続け、ついで小さな電子オルガンも用いた）、歌いながら自分で伴奏もした。鍵盤に向かって背を丸め、窓の下にクウクウ鳴きながらやってきた鳩を唯一の友として、人の気配のほとんどない「村」と化した十四区で、彼は困難な時を過ごした。しかしながら鍵盤の上に指を走らせるのは、なんと心を豊かにしてくれることであったか。暗中模索のすえ、ふと気づくと彼の右手は魅せられたように、その日の朝食のテーブルの上で叩いていたリズムを音楽に作り上げていることもあり、そんな時は心が躍る瞬間であった。ドイツ人の軍靴の音が響きわたるパリで、未来のシャンソン界の巨人の心はすでにこの地を離れ、別の次元の、別の現実世界に、星雲と同じくらい広大で変化に富む想像の世界にあったのだ。

ジョルジュは和声法を学ぶだけでは満足せず、自分でも書いた。彼が最初にパリで書いた作品は、叔母の下宿に住む、彼とほんの一時、恋仲にあった若い女性に捧げられたものだった。しかしこれは我々の耳にはどちらかと言えば、みすぼらしく聞こえるものであった。

僕がいつも大切にしているのは
二十歳のあなたの心の中に
ちょっぴり滞在した
懐かしい思い出のこと
その思い出を「時」が
曇らせぬように(4)

さらに、彼はルイ・ニュセラ Louis Nucéra に打ち明ける。「パリに来てから、僕は叔母の書斎に詩法概論の本を見つけ、それを勉強し始めました。そして自分がまったく何も知らなかっただけではなく、どう書いて良いかもわからず、またやりたいと思っていた楽器の鳴らし方も知らないことに気づきました。歌を書こうなんて大それたことを思ったからには、上手に書けるよう、少なくとも努力せねば、と思いました。」それから叔母の書斎にある珠玉の文学作品を全て学び尽くすと彼は、長い午後を十四区の図書館で過ごした。そこで彼は作家たちの世界にどっぷりと浸かり、決意も固くプロメテウス並みの熱心さで、いにしえの作家たちの呪文の火を盗むべく没頭した。とりわけポール・フォール[5] Paul Fort、アルフォンス・ド・ラマルティーヌ[6] Alphonse de Lamartine、アルチュール・ランボー[7] Arthur Rimbaud、フランシス・ジャム[8] Francis Jammes、ジャン・ド・ラ・フォンテーヌそして特にヴィヨンが好きだった。ブラッサンスはずっと後になってリュック・ベリモン Luc Bérimont に明らかにしている。「僕は二、三年の間、ヴィヨンの全てを真似たわけではなかったけれど、ヴィヨンであろうと努めました。僕が書いたものにその痕跡が残っています。僕は彼から何かを盗んだはずです。言い換えると、僕が古典文学を研究していた時には、ヴィヨンのことしか、ヴィヨンによってしか、そしてヴィヨンを通してしか、ものを考えていませんでした。僕は彼の詩を作り変えたり、僕の流儀でアレンジしたり、彼の詩法を自分にしみこませようとしました。［…］僕はラ・フォンテーヌにも同様に鍛えられました。もっとも彼はヴィヨンに似ていましたから……。」絞首台に吊るされる直前で何度も救われた中世の詩人に倣って、彼もまた悪の道に進む誘惑に駆られたことだろう。「もし歌手になっていなかったら、僕は盗人になっていたでしょう。」と彼は告白する。「詐欺師や、人殺しにはならない。人を殺す自分なんて考えられない。だけど盗人は、そう、金をくすねることは……、面白いに違いない。」

子供が小さな自動車を分解するように、ブラッサンスは文章を細かく分析することに専心していた。そうしていないときには地元やヴァンヴ Vanves（蚤の市）をぶらついた。擦り切れて縁が丸くなってしまった詩集や、黄ばんだ書物など、一フランか二フランで買えるものを探し求めた。それが文無しの若者の出せる金額だった。一九四二年のこと、こうした散歩の途中で、一九一三年の日付でアントワーヌ・ポル Antoine Pol という名で書かれた詩集が目に入った。その中に収められた作品の一つ「行きずりの女たち *Les passantes*」が特に彼の心をとらえた。彼はそれに曲をつけ、三十年後、レコードに吹き込むことになる。こうしてブラッサンスは八十五歳の無名の詩人を有名にしたが、その詩人は、予期せぬ後継者には会うこともなく、亡くなっている。

そして一九四二年はまた、二十一歳でブラッサンスが初めて出版をした年でもある。まだ出版界を真に変革するに足りるものではなかったが、重要なのは「出版した」という行為そのものである。最初の薄っぺらな詩集は（本人にとっては）皮肉なタイトルで、『骨折り損《 Des coups d'épée dans l'eau 》』であった。それは謄写版印刷され、友人たちや両親に配られ彼らを楽しませた。この成功に気を良くし、若きへぼ詩人は大胆にも別の詩集を自費出版したのである。それは更に皮肉をきかせたタイトル『成り行き任せ《 A la venvole 》』で、恐れ入ったことにヴェルレーヌやボードレールを出版したアルベール・メッサン社から出したのである。この出版は文壇にはまるで注目されなかった（実を言えば、そんなことになればむしろ驚きであった）が、出版できたおかげでジョルジュはSACEM（作詞家作曲家楽譜出版社協会）審査に合格し、身分証明書に「文学者」と書くことができるようになったのである。彼は控えめなことでよく知られた人物ではあるが、その当時の彼は自分の特性をかなり自覚していたことが分かる。

『成り行き任せ』の出版に際し経済援助をしたファンの中に、人の良い叔母アントワネットと、もう一人、女性がいた。それがジャンヌJeanne、仕立て屋であった。ブラッサンスはジャンヌとはアレジア街で知り合った。彼女がその通りの辺りに仕立物を届けに来たのだ。彼女が住んでいたあばら家が、すぐ近くの袋小路フロリモン Florimont[9] にあったからである。ジャンヌ・ル・ボニエック Jeanne le Bonniec は当時、五十がらみの活発な女性であった。一八九一年生まれのブルターニュ出身で、ブリ・コント・ロベール Brie-Comte-Robert[10] 出身のマルセル・プランシュ Marcel Planche（歌詞とは違ってオーヴェルニュ出身ではなかった）と結婚していた。彼は自動車の車体塗装工だった。この庶民階級の女は、小鳥のように華奢だが強烈な個性の持ち主で直感力に優れ、一日中歌ったり読書しているこの変わった甥のような年齢の男が気になっていた。彼女は、ある意味で、ブラッサンスの最初のファンとなるのである。この二人の主役はしかしながらまだ、時と共に進展してゆく自分たちの関係（友情に始まり、互いに称賛し、彼らの三十歳の年齢差にもかかわらず愛情と欲望を抱き合い、ついで恐らく苛立ちの混じった倦怠期が訪れる。この二人はあまりにも似ていたため、お互いが我慢できなかったのではないだろうか？）には気づいていなかった。その関係は何十年も続くことになる。

一九四三年の初め、居心地の悪い時代ではあったが、「文学者」ブラッサンスの生活に少しずつ定着してきていた平凡な日常が、打ち壊される新しい事件が起ころうとしていた。ジョルジュは強制労働奉仕[11]を課され、ドイツのベルリンの一地方であるバスドルフ Basdorf に送り込まれたのである。ほっと一息つく暇もなく、孤独な詩人は貧しいが快適な屋根裏部屋から、仮宿舎に移った。そこには映画『大いなる幻影 « La Grande Illusion »[12]』の場面に見られるような、愚痴っぽい者や、堂々としている者、普通の者、あるいは卑劣な者までいた。昼間はドイツ空軍のため航空エンジンを作るBMWの工場に出かけた。しかしセート出身の若者ジョルジュの中には、すでに「ブラッサンス」が誕生していた。彼の持つカリスマ性と性格の強さは周囲に強い印象を与え、尊敬の念を抱かせた。彼は職業について尋ねられると、静かに「何も。」と答え、愚かな連中はそれ以上何も言えなかった。彼に清掃の当番を課そうとしても彼は断り、他の連中は無理強いはしなかった。彼は他の者より俗っぽくもなるときがあったが、より人間的な面を見せることもあった。ワゴンを押すのに苦労していた哀れなイタリア人に手を貸し、食料も回してやった。その結果、「いつしか、二人に一人が彼と一緒になってワゴンを押すようになりました。この哀れなイタリア人の周りで、人々の意識が変わっていったのです。我々の中の一人でも彼のことを、賤民や、はみだし者、除け者としてではなく、仲間の一人として人間的に扱ったら、もうそれだけで良かったのです。」早起きで（生涯、彼は太陽のリズムで生活した。雌鶏と共に寝床に就き、雄鶏の鳴くより前に起床した）、朝の五時から灯りをつけるのを許してもらう代わりに、彼はコーヒーを入れる雑役を引き受けたが、その時間に彼は書き始めていた。彼のまた別な気質が、こういった引きこもり生活の中で顕著になった。それは、とんでもないどんちゃん騒ぎや馬鹿げた悪ふざけを率先してやる、ということだ。しかし彼は思いつきだけで満足し、実際にそれに専心することはなかった。人と距離をおくこともあれば近寄ることもあり、関りもすれば無関心にもなる。彼はそんな何かしら捉えどころのない部分を持っており、それを自分の人生のルールに変えていった。

人は羊のように群れをなして
生きるようにできている、という
私は、一人生きる、
明日にはまだ、群れに追随するようなことはしない(13)

それでも彼の最初の観客になったのは、同室の柄の悪い仲間であった。中でも決定的な出会いをした二人の人物がいる。のちに記者になったアンドレ・ラリュ André Larue とピエール・オンテニアント Pierre Onténiente である。ピエールは例の有名な「ジブラルタル Gibraltar」なるあだ名が付けられていた。それはジョルジュに近づくには、誰しもこの「海峡」を無事通過せねばならなかったかららしい。ピエールはブラッサンスの会計士となり、岩のように頑強な特別秘書となった。収容所では、ピエールは図書室の仕事をした、とはいってもそこにはフランス政府から送られた一握りの本しかなかったが。暇をつぶすため、ブラッサンスは別のシャンソン愛好家、印刷工でアナキストのルネ・イスカン René Iskin と親交を持ち、部屋にある調律もしていないピアノを弾いた。その部屋は無為な長い夜にはカジノにもなったが、彼はルネの伴奏をした。そして彼もまた歌った。例えば「成金の思い出 *Souvenirs de parvenue*」。これは「罪を悔いた悪人 *le mauvais sujet repenti*」の下案だったが、その中の一節のせいで彼は「ビデ」というあだ名を冠されることになる。もっともその一節は、最終稿には入らなかったが。

哀れなあの子が
家に手ぶらで帰ってくるなんて
俺は、理屈じゃなかった
彼女を滅多打ちにした
あの子はまだ憶えているかな
その衛生ビデを
あの子の頭蓋骨に
ひびを入れてしまったビデを(14)

「ビデ」とあだ名されたブラッサンスは最初の成功を収め、人は彼を喝采した。軽薄でいささか趣味の悪い歌であったためか、ブラッサンスは奮発して、祖国愛に満ちた讃歌「フランス人に平和を *Les P.A.F.S.*」(15)を書いたのである。このような好奇心をそそるが辛い経験について、ブラッサンスは何年も後になって、ジャン＝ピエール・シャブロル Jean-Pierre Chabrol に次のように語っている。「私はちっとも後悔していない。私はとても幸せだった。戦争に行かなかったから。［…］あの頃、世界は狂っていた。私は狂ってはいなかった。私を狂わせるものは他にあった。私は書き、他のことを考え、既成の世界からはみ出して生きていた。私は、自分が受け入れられる考え方とか思考とか感情だけが通用する世界をつくりあげていた。私は現実の環境とか周囲の環境の中にはほとんど生きていなかった。意識の表面的な時間の中だけに生きていた。［…］私は現実世界では異邦人だった。それで分かってもらえるだろう。私が臆病でも英雄でもなかった理由が。私は現実世界には存在していなかったから。」

ゆえに、ドイツ時代に作られた彼の初期の歌（有名になったのは十年も経ってからのことだが）は、戦争を思い起こさせることはなく（あっても間接的で）、むしろ関心は、両親へのノスタルジー（「ママン、パパ *Maman, Papa*」）、貧困と、人間による人間の搾取（「哀れなマルタン *Pauvre Martin*」）、裏切られた妻の魂の高貴さ（「好々爺 *Bonhomme*」）、すてきな恋人たちの散歩（「蝶々とり *La chasse aux papillons*」）に向けられていた。有名になってからジョルジュ・ブラッサンスは、政治に関わることを拒否したことでたびたび非難される。そのことに、彼は「思想のために死す *Mourir pour des idées*」で答えている（「思想のために死ぬのは結構、だが死に急ぐことはない。」）本質的に個人主義者であろうとする彼の態度に、偉大な英知の証明とこの世に生きることの深く絶望的な不快感を、我々は見る必要があったのではないだろうか。

【訳註】

（1）「時は経っても事態は変わらぬ *Le temps ne fait rien à l'affaire*」より。

（2）バルザックの『ゴリオ爺さん « Le père Goriot »』に登場する人物。"À nous deux, Paris!" はこの作品で発せられる有名なセリフ "À nous deux maintenant !" にちなんでいる。

（3）Rue d'Alésia パリ十四区にある通り。

（4）「いつも大切に覚えている *Je garde toujours*」

（5）主に二十世紀にかけて活躍したフランスの詩人。

（6）十九世紀に活躍したフランスの詩人『瞑想詩集 « Méditations poétiques »』など。

（7）十九世紀に活躍したフランスの詩人『地獄の季節 « Une saison en enfer »』など。

（8）十九世紀に活躍したフランスの詩人『明けの鐘から夕べの鐘まで « De l'Angélus de l'aube à

l'Angélus du soir »』など。

（9）パリ十四区にある袋小路。

（10）セーヌ・エ・マルヌ Seine-et-Marne 県　パリ盆地の東。

（11）Service du Travail Obligatoire 略してＳＴＯ。

（12）ジャン・ルノワール Jean Renoir 監督の映画（一九三七年）。主演ジャン・ギャバン Jean Gabin。

（13）「雑草 *La mauvaise herbe*」

（14）「罪を悔いた悪人 *Le Mauvais sujet repenti*」

（15）タイトルは、擬態語 paf（ぴしゃ！と叩くような音）を彷彿とさせる言葉遊び。十八世紀ドイツの詩人ハインリヒ・ハイネの言葉 « Gloire aux Français »（フランス人に栄光あれ）をもじり、ブラッサンスは第二次世界大戦中、騙されて戦争に駆り出され殺されてゆく若い兵士を憐れみ、この歌を書いた。

ブラッサンスの生家
（セート、2008 年、撮影：横山巖）

第三章　ジャンヌ

強制労働奉仕、とは名ばかりであったが、その間ジョルジュ・ブラッサンスは、満たされぬ思いを抱えていた。彼は姿をくらますのに絶好の外泊許可を利用し、最終的にドイツを離れることにした。しかしパリでは、脱走兵は姿を隠していなければならないだろうし、アントワネット叔母を重大な危険に晒すことになるので、彼女の所へ戻ることは考えられなかった。それでは、どうすれば？　ジャンヌは勿論、彼を泊めることを申し出た。家はあばら家でごく狭く、電気はなく下水設備もなく、その上、冬に暖を取るため床板をはがしていたにもかかわらず、である。

袋小路フロリモン九番地は、ブラッサンス伝説の神話的場所である。そこは彼にとってはグレースランド[1] Graceland であり、ダコタビル[2] Dakota Building である。彼はそこに、何と二十二年も滞在することになる！　全生涯、もしくはほぼ全生涯、彼はこんな質素な家で過ごした。居心地は非常に悪いが、極めて奔放な空想力がそこにはみなぎっていた。そこでは動物たちが主役だった。ジャンヌの養禽場では、小鷹がカラスとすれ違ったり、雌鶏が白鼠を追い払ったり、オウムが犬や猫をからかったり、そしてアヒルが、素晴らしいことに、卵を産んだりしていた！　トルコ風トイレは中庭に面しており、トイレの屋根は波板のトタン、扉には明り取り窓が付いていた。そこからブラッサンスの友人たちは、ある日、中に入っているブラッサンスを驚かそうと、火のついた新聞紙を面白がって投げ込んだ。中心になる部屋も、空は丸見えだった。古ぼけた中庭には、あっちにはホーロー鍋、こっちには錆びた自転車、あちらには古い梯子、さらに洗濯物を広げて干すための紐もあった。小さな鏡が外部の壁にかかっていたが、それは恐らく、戸外で身づくろいをする日を見越してのことだった。家の内部はごく質素だった。ジャンヌの夫の寝室、もう一つは立派な女主人の寝室、三つ目は屋根裏部屋で、新しい借家人のものだった。ごく小さな台所は、息を止めていたら何とか十人は入れた。それだけだった。この粗末な家に二十年以上もの間、ギターやパイプやスリッパを置いておきたいと思ったのは、ここの住人たちがよほど変わった人間だったからに違いない。

実際、彼らはとても変わっていた。「オーヴェルニュの人に捧げる歌 *Chanson pour l'Auvergnat*」（自伝的作品である。もっとも彼自身は、ジャーナリストに対し、部分的にでも実話であることを認めたがらなかったが）の中で永遠に生き続けるマルセルとジャンヌ・プランシュは、他の人と違って、窓にはカーテンもせず、ドアには錠も掛けず、心に偏見なく生きている人たちである。ジョルジュはジャネット（ジャンヌの呼び名の一つ）のことを滑稽に「寸胴ちゃん」（というのも彼女はパン切り板のように胸が貧弱だった）とあだ名し、また友達のルネ・ファレ René Fallet は、彼女のことを、カラミティ・ジャンヌ[3]と呼んでいた。若いジョルジュは彼女を第二のママンと思っていたが、彼女は第一のママンと同じく独裁的で独占的、そして間違いなく、もっと気まぐれだった。気分が安定しているということは、ほとんどなかった。ジャンヌは好き嫌いが激しく、彼女の気に入った人たちに対しては気前が良かったが、面倒な相手（「オーヴェルニュの人に捧げる歌」に出てくるような庇護を求めてくる人）はためらうことなく追い出してしまう。とりわけ彼女のところに食べ物を持ってこなかった人たちに対しては、そうだった。

彼女の夫について言えば、二人はもはや夫婦とは言えない関係だった。しかし彼は、妻が若い根無し草の詩人に好意を持っていることにも目をつむる心の大きさを持っていた。袋小路フロリモン九番地には、フロイトだったら言いそうな、奇妙なエディプス的三角関係にある者たちが住んでいたのである。

一九四四年三月から八月にかけては、ジョルジュ・ブラッサンスは自分の部屋に引きこもってしまい、夜間ごく稀に外出するだけになった。そのほかの時間は退屈を紛らわすため、またドイツ人に発見される心配から気を紛らわすため再び書き始め、何処で見つけたのかバンジョーを小さな音で鳴らしていた。しかしこんな自由を奪われた状態はそれでも五ヵ月しか続かなかった。というのは八月二十四日、連合軍のおかげで、パリは解放されたからである。街は民衆のお祭り気分で沸き立ち、束縛を解かれた陶酔感で溢れていた。しかしブラッサンスは、公衆の面前で女たちを丸刈りにするという下劣な光景を目撃し、無力で嘔気を催すような苦い思いを味わうのだった。二十年後、「丸刈りにされた女 *La tondue*」の中で、一見おどけた調子ではあったが、回想し、女たちを弁護している。「今夜これこれの時刻に見世物が始まるよ、とおふれが回り、女たちが晒し物にされました、それは見るに堪えない光景でした。人々はあの女たち全員を丸刈りにしてやれと思ったのです！　ドイツ人と寝ることがまかり間違って国策だったとしても私は、もし私が女でも、そんなことはしなかったでしょう。でも、ドイツ女とセックスした男たちは丸刈りにされなかった。逆に、それは良いことだとされていました。」彼は同じレコードの中で、戦争への激しい嫌悪を次のような言葉で表現している。

何か漠然とした敵に銃を向ける代わりに
敵が味方に変わるのを待ち
銃床を手の中で七回まわし
いつも明日に向かって祝砲を放つほうがよい(4)

強制労働奉仕での知り合いやセートの友人たちは、戦後、うんざりし反逆的となり、気落ちして、次々と何処からともなく現れ、袋小路フロリモンに集まるようになった。彼らの精神状態は、ブラッサンスとほぼ同じであった。明確に態度で表明し、この常軌を逸した時代とはそろって袂を分かつことを決心した彼らは、エミール・ミラモン Emile Miramont と共に「有史以前党（Le Parti préhistorique）」を結成する。そして直ちにミラモンに「オーロックスの角[5]（Corne d'Aurochs）」とあだ名をつけ、党首とした。おふざけだったのか、そうでなかったのか？　いずれにしてもこの党には抗議の声が嵐のように浴びせられた。彼らは『反逆者たちの叫び « Le Cri des gueux »』なる、夢のような反体制主義新聞の立ち上げを目論んでいたが、到底世に出すことはできなかった。

ブラッサンスにとって、彼の夢を実現し成功に到る道は、まだまだ長かった。正確には八年が必要だった。八年の間、彼はプランシュ夫妻の厚意のおかげで生き延びた。マルセルは自分のタバコを一部切りつめ、ブラッサンスに分けパイプに詰めてやった。ジャンヌは駄目になる寸前までとことん使い切った靴下を修繕してやり、沢山のパスタ料理で彼の頑強な図体を養ったり、また彼の自費出版の経済援助もしてやった。アレジア街の片隅でジョルジュは、風変わりで文無しの、遅まきの青春時代とも言える時期を過ごした。彼は友人の一人が貸してくれたギターを練習し、教則本の助けを借りていくつかの曲を掻き鳴らした。幾度となくそれらの歌詞を手直しし、その一節を削除したり、十二音節の一行をそこに加えたりした。メロディについても同じことだった、時には一つの歌詞に二ないし三の異なった予備のメロディを作っていた。

彼は自分の思うように暮らした。女たちが通り過ぎる。女たちは奇妙なあだ名をつけられたかと思うと、また消えていった。あだ名の中には他のあだ名に比べてひどいものも幾つかあった。パンテール（豹）、シュキュブ（淫夢魔）、ミヌーシュ（仔猫ちゃん）。その大半は既婚の女たちであった。のちになって彼はこう書いている。

姦淫した女に石を投げないでくれ
私が後ろにいるから(6)

そしてフィリップ・ネモ Philippe Némo に告白している。「私は不義密通を好んで選んだわけではないのです。それは罪ですから。だけどそれが私には唯一の選択肢だったからなのです。もちろん私は売春も嫌っていました。第一に私にはそんな金もなかったし、売春には反対だったんです。それに、たとえ私に金があったとしても、女と関係を持つために金を払うなんてことは、考えもしないでしょうね……」「可愛いジョー La petite Jo」のことも同様である。メトロで出会った迷子の少女は、彼にいくつかほら話を聞かせた。その中には、彼女は乱暴な義父に監禁されている、というのものあった。騎士道精神に溢れたブラッサンスは血が逆流したものの、哀れな少女は最終的には街の女になってしまう。痛ましく憐れみを掻き立てられたがゆえに、彼女の存在は他の誰よりも大きくなってゆき、激しい心の痛み（ヴィーナスの高邁な病原菌(7)のことは言うに及ばずだが）をジョルジュの記憶の中に残した。彼は彼女のことを思って幾つか有名な歌を書いた。「腹たつお前 *P…de toi*」、「俺はすっかり従順になった *Je me suis fait tout petit*」、「（意地悪女の中に咲く）美しい花 *Une jolie fleur (dans une peau de vache)*」である。この可愛いジョーことジョゼット Josette ならきっと、作詞作曲家ブラッサンスの「女嫌い」に信憑性を与えたことだろう。もっとも彼はあまりにも繊細で感じやすかったから、真の女嫌いにはならなかったが。彼の母やジャンヌ、とても世話好きな「エクトールの妻 *La femme d'Hector*」、とても物静かな「ペネロープ *Pénélope*」、「ベカシーヌ *Bécassine*」、あるいはエレーヌと彼女の木靴は別として、ブラッサンスは女の中には「厄介な女たち emmerderesses」と同様、異国の花のように、毒のある女たちがいる、と思っていた。あるいは単に「胸が綺麗なだけで……女はみんな意地悪」[8]だったのかもしれない。一九四七年、彼はそれでも決定的な出会いをした。友人たちの所で、彼は控えめなユダヤ系のエストニア人女性に一目惚れをした。彼女は［r］の音を巻き舌で発音し、歌うようにフランス語を話した。彼女はジョハ・ハイマン Joha Heyman と言い、彼より十才年上で、表に出ることはなかったが生涯を共にし、貞節にして最愛の伴侶となった。彼のピュップシェン Püppchen（彼は最初ジョハを「芋虫」ラ・シュニーユ la chenille と名づけ、ついでドイツ語で「小さな人形」を表す Püppchen と呼び名を変えた）は、当時、誰か別の男と暮らしていた。一方ジョルジュの方は、ジャンヌに新しい関係を隠す必要があった。彼女とはもう親密な関係ではなかったが、彼女は依然としてまぎれもなく嫉妬心の権化であった。

ジャンヌは教養は浅く簡単な教育しかうけていなかったが、ジョルジュの才能と大成を信じて疑わなかった。後になってブラッサンスは、この期間は弱りはて、気落ちしていたと告白している。彼は数ヵ月にわたって書くことを諦めたことすらあった、とコリン・エヴァンス[9] Colin Evans に打ち明けている。「この当時沢山の歌を書きましたが、それは歌を書くことで生活を立てられると思ったからなのです。その頃、他の人がしていたことをお手本にしようと努めてきました。私はなんでもやった。どんなことでもやる用意があったのです。二十歳だった頃には。[…] 私は現在の私の歌に見られるような書き方をすでに身につけていました。だけど当時は、そんな風には書かなかった。他人のために書いていたからなのです。それから、どうでもよくなりました。一時は、何もかも放棄してしまったことさえありました。それから私はまた書き始めました。すっかり退屈してしまったからです。私はペタンクもできなかったし、狩りもしなかった。魚釣りもしなかった。トランプ遊びも嫌いだった。だから歌を作るか、暇を持て余すかで、それは同じことでした。」

幸いにも暇を持て余す代わりに彼は、これを音楽的充電期とばかりに作品を書き溜め、その中から最初の二十五センチ盤二枚を出すことになる。「ゴリラ *Le gorille*」、「大殺戮 *Hécatombe*」、「ジャンヌのあひる *La cane de Jeanne*」、「墓堀人夫 *Le fossoyeur*」、「気のいいマルゴ *Brave Margot*」である。詩人はもはや他の人のためにではなく、自分自身のために書いた。ブラッサンスの文体が誕生した。言葉は飾らず、厳格で率直、文学や神話の博識に基づく引用、作品推敲の技術（際限なく、歌詞のカットや修正を繰り返した）そしてオチ（新たに歌全体に新しい光を当てることになる）も忘れなかった。また丁度この時期に、彼は最初の腎疝痛の発作に苦しみ、このひどい痛みに生涯、悩まされることになる。

一九四七年、シュールレアリストの風刺文書『月は戸口で聴いている « La lune écoute aux portes »』（それは彼の果てしない小説『ラリー・カカム』の何度目かの焼き直しだった）をガリマール社の『新フランス評論 « NRF（La Nouvelle Revue Française）»』にて出版する。その際彼は、名前と表紙に剽窃を施した。それは若者特有の挑発志向のなせる業でもあり、話題になりたいというブラッサンスの願望を表す悪ふざけだった。ガストン・ガリマール Gaston Gallimard にブラッサンスはぶしつけな言葉を添えてその書物を送ったが、ああ残念ながら、ガリマールや文芸評論家たちは皆、慎重に沈黙したままだった。

友人たちに支えられ、彼は遠慮がちにいくつかの出版社を回り、自分の創った歌を他のアーティストたちに託そうと望んだ。彼は自分の作品を自ら歌うことはほぼ諦めていたし、実際にそうする必要があるとは誰も思っていなかった。出版社は、夢に溺れるこの無愛想な変わり者を受け入れたいと思いつつも、彼の作品を引き受けることはしなかった。彼は自尊心が強すぎて、自作にはいかなる修正も認めようとはしなかったし、当時としては斬新すぎたからである。残念ではあったが、彼は自分でギターを弾きながら歌うことの再開を決め、その後、袋小路に戻って、彼と彼の才能を信じるジャンヌや友人たちの慰めを受けた。

無政府主義連合の党員であり、『ル・リベルテール《Le Libertaire》』紙を編集していたマルセル・ルノー Marcel Renot なる人物と親交を結び、彼は突然「マスコミ」界や黒旗（無政府主義）の支持者たちと関わり合う事になった。『ル・リベルテール』紙ではブラッサンスは、ブルターニュ生まれの詩人アルマン・ロバン Armand Robin、アンリ・ブイエ Henri Bouyé や工員マルセル・ルポアル Marcel Lepoil のような無政府主義者たちが書く文章の校正から始めた。彼らの綴り字は、彼らの信念と同じく自由奔放で、たちまちブラッサンスは、ジョー・ラ・セディユ Jo La Cédille と署名した文法欄にかかり切りとなった（彼の統語法への関心は、祖父ジュールから受け継いだもので、祖父は文法参考書『ベシュレル《Bescherelle》』を肌身離さず持っていた。確かにジョルジュも後になって、「ブラッサンスの全ては『ベシュレル』にある。」と言うのが口癖になっていた）。ブラッサンスはやがて、ジル・コルボー[10] Gilles Corbeau やペパン・カダーヴル[11] Pépin Cadavre などというブラックユーモアを効かせた名前で、最初の記事を書いた。彼の無政府主義は、ピエール＝ジョゼフ・プルードン(12) Pierre-Joseph Proudhon、ミハイル・バクーニン(13) Mikhaïl Bakounineやピョートル・クロポトキン(14) Pjotr Kropotkinを読んで身につけたもので、恐らく本質的に正統派ではなく、現実派であった。反国家統制主義者、反軍国主義者、平和主義者であった詩人ブラッサンスは、生涯、ある種の社会的平等を訴え続けた。と同時に、とりわけ社会に対する個人の独立を訴え、死刑制度への徹底した反対論者でもあった。しかし『ル・リベルテール』紙では社員は信念を推し進めるに留まらず自ら闘争に参加したが、いかなる闘争にも階級制度とその明確な規範があり、それを超えることはなかった。ルノーのお気に入りであった彼は他の党員に対し、いささか主導権を取り過ぎ、それを指摘された彼は苛立った。結果、彼はこの新聞社を辞すことになり、以後どこの新聞社にも執筆者として勤めることはなかった。無政府主義者であるのか、そうでないのか。しかし、それもしばらくの辛抱であった。マスコミではやがて彼のことが話題になるのである。

【訳註】

（1）アメリカのテネシー州メンフィスにあるエルヴィス・プレスリー Elvis Presly の住居跡。プレスリーの死後は、彼の聖廟でもあり博物館ともなっている。

（2）アメリカのニューヨーク市マンハッタン区の高級住宅地にあるマンション。かつてジョン・レノン John Lennon が居住し、その前で凶弾に倒れている。

（3）アメリカの西部開拓時代の女性ガンマン「カラミティ・ジェーン Calamity Jane」をもじったあだ名。

（4）「二人の叔父 *Les deux oncles*」

（5）一九五二年の作品「オーロックスの角 *Corne d'aurochs*」からのあだ名。

（6）「夫たちの陰で *A l'ombre des maris*」

（7）フランス語では性病を« une maladie vénérienne »と呼ぶ。「性病の」を表す形容詞 vénérienne（vénérien の女性形）が愛の女神ヴィーナス Vénus から派生した語であることから、ブラッサンスがふざけて用いた表現。

（8）「胸が綺麗な意地悪女 *Méchante avec de jolis seins*」

（9）ウェールズのカーディフ大学のフランス語教師。
（10）Gilles は、常用される男性用の名前でもあるが、ベルギーのバンシュ Binche におけるカーニバルの主役の名前。バンシュのジル Gilles de Binche と呼ばれ、時代がかった道化のいでたちに仮面をつけたジルが町中を練り歩き、棒で悪霊を追い払う伝統ある祭り。Corbeau はカラスのことを指す。
（11）Pépin は厄介ごと、もめごとを指す。Cadavre は死体の意味。
（12）十九世紀に活躍したフランスの社会主義者、無政府主義者。
（13）十九世紀に活躍したロシアの無政府主義者、革命家、哲学者。
（14）十九世紀から二十世紀にかけて活躍したロシアの革命家、政治思想家。

La Corniche の海岸

（セート、2008 年、撮影：横山巖）

第四章　噂の吹聴師たち

詩人それとも浮浪者？　ブラッサンスの友人たちは自分たちが名づけた「太っちょ」（どういう太っちょ？）の将来のことが気になり始めた。美味しい食事のお返しに歌を口ずさんで友達を大笑いさせたり、彼のお気に入りの散策の場所であるモンパルナスの墓地を訪れて一日を過ごすのは楽しいことではあるが、彼は自分の「理想を実現すること」もまた考えねばならなかった。しかし懐が寂しいだけに、志気にも欠けていた。というのは、彼のファンクラブの中でもオンテニアント、アンドレ・ラリュ、さらに彼のセートからの旧友で『パリ・マッチ《Paris Match》』誌のレイアウト担当者となったヴィクトル・ラヴィルなどに支援され、ジョルジュはセーヌ左岸に立ち並ぶキャバレーのオーディションを受け始めた。一九四八年から一九五一年にかけて、そういったキャバレーが流行しており、実存主義者やジュリエット・グレコ Juliette Gréco、シドニー・ベシェ Sidney Bechet やボリス・ヴィアン Boris Vian が活躍した時代だった。オーディションの結果は、いつも不合格だった。「ル・タブー Le Tabou」でも、「オ・ラパン・アジール Au Lapin Agile」でも、「レクリューズ L'Écluse」でも断られた、ピンとした口髭をたくわえ、奇妙な植民地軍人のような風采で、無名で、いささか太め（麺類をよく食べたせい）で、ブルーの水夫服を着こみ、変に堅苦しい様子で、使い古したギターを手にするとすぐに、内気なせいか大粒の汗をかいた。夜に、大衆の前で歌ってはみるが、毎回、奇妙なことに、彼の歌はどよめきと会場全体の無関心の中に消えてしまう。不入りの状態が続いた。

一九五一年の末のこと、それでも事態は変わり始める。『ル・リベルテール』紙でマルセル・ルノーと共にブラッサンスの無政府主義者の仲間であったアンリ・ブイエは、レピュブリック通りで花屋もしていた。彼は花言葉だけではなく、客と議論をするのが好きだったのだが、その中に、すぐ近くにあるキャバレー、「カヴォー・ドゥ・ラ・レピュブリック Caveau de la République」のシャンソニエ[1]、ジャック・グレロ Jacques Grello がいた。ある日、ブイエはグレロに友達のブラッサンスのことや「聴いてみるだけの値打ちのある」彼の歌のことを話した。親切さと好奇心から、グレロは自宅でブラッサンスのオーディションをすることを承諾した。ジョルジュの方は、大きな身体を持て余し、楽器も何も持たず（腕をぶらぶらさせて）やってきたものだから、グレロは収税吏が払い戻してくれた金で買ったギターを、ブラッサンスに差し出した（そのことは後にブラッサンスが語っているが、デビューしたての二年間その楽器を持ち続けたから、彼は国から補助を受けていたことになる！）。それでブラッサンスは、戸惑いながらもグレロのサロンで、グレロの妻とその子供たちを前に、彼のレパートリーをあらまし披露した。この即席のリサイタルの終盤には皆、魅了され、熱狂し拍手喝采した。初めてプロのお眼鏡にかなったことで彼は元気を取り戻すことができた。

彼を信頼したジャック・グレロは、カヴォー・ド・ラ・レピュブリックの舞台に彼を迎え入れ手助けをしようと思ったが、今度もまた、観衆とはそりが合わず、凍りつくとまでは言わないが、冷たい反応だった。それでもジョルジュは、今度は打ちひしがれるだけでは終わらなかった。マルセルとジャンヌのところに帰って、歌詞に念入りに手を加え、ルイ・アラゴン Louis Aragon の美しい詩「幸せな愛などない *Il n'y a pas d'amour heureux*」

にぴったり合った暗いメロディを作った（ただし、フランシス・ジャム Francis Jammes の「祈り *La prière*」にもう一度それを使った。彼自身の告白によれば、それ以上適切なものは見つからなかったから）。そして小説『奇跡の塔』を書き終え、彼は自信を取り戻した。そしていつの間にか運命は、長すぎるほど続いた暗い局面を打開するため、密かに策を講じていたのである。

事態の好転は突然ヴィクトル・ラヴィルによってもたらされた。ラヴィルは人々の愚かさに憤激し、『パリ・マッチ』誌の文芸担当者ピエール・ガラント Pierre Galante の助けを請う決心をした。ガラントには人脈があり、芸能界をよく知っていた。とりわけモーリス・シュバリエ Maurice Chevalier やパタシュー Patachou とは親しかった。彼は人気歌手であったパタシューと三月六日に会う約束を取り付けた。彼女は当時、モンマルトルに古くからあるケーキ屋（それが彼女の芸名の由来であるが）(2)の中にあるキャバレーを経営していた。「レディ・パタシュー」のレパートリーは、かなり型破りな曲が多く、聴衆の中で、もしその歌を歌うことを拒否する男性がいれば、そのネクタイを切ってしまう、という面白い癖があった。(3) 彼女と会う約束を取り付けたことを知ると、ブラッサンスは観念し、話半分にその噂を受け止めるよう努めたが、おっかなびっくり状態であった。

三月六日の夜、ブラッサンスは「親衛隊」に付き添われ（ラヴィル、ガラントともう一人ジャーナリストの友人ロジェ・テロン Roger Thérond ら）、モンマルトルに向かう道をしぶしぶ辿っていった。彼が登場しようとしているこの頃には勿論、パタシューの歌の出番は終わっていることだろう。それも朝の二時頃という、彼のような早寝の人には常識はずれと呼ぶような時刻であった！　建物の入り口で自己紹介するときには、いつも以上に殻に閉じこもり不機嫌な調子でものを言った。もしヴィクトル・ラヴィルが、有無を言わさず彼のギターを掴んで薄暗がりの中を、彼らがショーの終わりを待つことになっていたテーブルのところへ連れていかなかったら、彼は一目散に逃げ出してしまっていたことだろう。

歌の出番が終わると、パタシューは彼らのところへやってきて言った。「またあとで！食事が済んだら、お聴きしますよ！」そして他にはとりたてて挨拶もなく、いくらか疲れた様子でパタシューはテーブルの前に腰を掛け、夫ピエール・ビヨン Pierre Billon と一緒に若鶏のサラダをもりもり食べ始めた。ブラッサンスは蒼白い顔で、頸にじわじわと汗をにじませ、一体何でこんな新たな試練を引き受けることになったのか、と再度、自問することになる。そして、それは文字通り良き友人たちにお尻を蹴飛ばされ（拒否できぬ喜びでもあるが）、彼は小さな舞台にやっとたどり着いた。食事も終えたこの家の女主人に励まされ、歌詞を忘れた場合に備え、ラヴィルには彼の前で歌詞ノートを構えるという補佐役をたのんでいた。髪は当時の流行りで長く、黒く、口ひげは逆立ち、気も狂わんばかりの眼差しをしたこの「太っちょ」は、闘牛場に間違って連れてこられ恐れ慄いている闘牛のように、とてつもなく珍妙な様相を呈した。気持ちの高ぶりから喉を絞められたような声で、彼は「村には、てらいもなく……」と始め、「悪い噂」を最後まで歌った。

パタシューはといえば、驚愕し、即座に賞賛の拍手を送った。彼女はブラッサンスに他の歌を続けてやるように勧めた。「気のいいマルゴ」、「ベンチの恋人たち *Les amoureux des bancs publics*」そして最後に「ゴリラ」。給仕たちはホールの中で手を止め、布巾を置いて聞きほれ、うっとりとしていた。部屋の隅にいたピエール・ニコラ Pierre Nicolas なるヴァイオリン兼コントラバスの奏者は、未来の雇い主に巡り合ったことなど、その時はまだ思いもしなかった。パタシューはすぐに魅了され、会場にも嵐のような拍手が巻き起こった。翌日、彼女はラヴィルに殊勝にもこう予言した。「一年もしたら、あなたの友達は私よりもっと有名になっていることでしょう！」十五分間でブラッサンスの運命は大きく変わった。パタシューはいくつかの歌は自分のレパートリーに確保したいと思った。けれどその他の歌で、例えば「ゴリラ」のように明らかに男性の歌で厄介な歌は彼自身で歌うようにと、彼女は「獣」を説得せねばならなかった。シュールな対話が続いて交わされた、と後に彼女は語っている。

「あなたにも歌ってもらわないと。」と彼女は言った。「やれやれ、ぼくは大道芸人じゃないんです。」と彼は答えた。

――何故？　かっこ良くないかしら、大道芸人は？

――そう思われるなら……

――いいわ、お互い理解しあうことが必要かもしれないわね。あなた働く必要はありますか？

――働くのは、イヤですね。

――生きるのは？

――ああ！　勿論生きたいです。

――生きるためには働かないといけない場合もありますよ。

――ああ、その通りだが……見ての通り……

――働いたら、お金が入ってくるチャンスがあるんですから。お金が入ってきたら、もっといい暮らしができるわ。

――今でも結構うまくやってますが。

――無理やりしなさいとは言いませんが……

――いや……やってみましょう。でも「コンcon（馬鹿者）」たちのために歌っても……コンたちは何も分かってくれないだろうが……


しかしその「コン」たちには十分な知力があり、彼を賞賛し、三月九日、彼は恩人パタシューのところで正式にデビューを果たした。「コン」たちには感謝である。しかしジョルジュ・ブラッサンスは見るからに不安げな印象を醸し出し、スポットライトの当たる舞台に出るのが嫌で、口髭に隠れてユビュ風(4)にぶつぶつと文句を言っていた。「クソッタい、おまえたちは皆、コン（馬鹿者）だ！」しかしそれでも彼は生き残った。後になって、いくらか経験をつむと、挨拶もしないほど高慢になったブラッサンスは、夜更かしの好きな客が大声で話をしたり、フォークの音をさせたりすると、たびたび罵ったものである。（彼はある無礼な観客に「おたくは酔っ払い、何の取り柄もないただの酒飲みのくせに！」と言い放つ。）しかし、慎ましい貧乏楽師の温かいしゃがれ声や、庶民的であると同時に垢抜けし、覚えやすいそのメロディが奇跡を起こした。しばしば言われることとは逆に、ブラッサンスが幅広い人気を博したのは（ソルフェージュは知らなかったが）、まずその音楽の美しさと奥深さのゆえである。歌詞の豊かさはその後に来た。ちょうどケーキの上に置かれたさくらんぼのように。

パタシューの友人で偉大なスカウトマンであるジャック・カネッティ Jacques Canetti はポリドール・フィリップス社の経営者であり、素晴らしいキャバレー「レ・トゥロア・ボーデ Les Trois Baudets」の管理運営もしていた。そこではジャック・ブレル Jacques Brel、ジュリエット・グレコ、レ・フレール・ジャック Les Frères Jacques、レイモン・ドゥヴォス Raymond Devos、あるいはボビー・ラポワント Boby Lapointe たちが頭角を現していた。

カネッティは比類なき嗅覚により、この天才的新人の招聘を要請することにし、話を持ちかけたが、ブラッサンスは目を伏せ「物質的理由にて」とつぶやいて辞退した。カネッティは、パタシューの発見したこの人物が、舞台衣装どころか、踵のすり減った古靴やつぎ当てだらけのシャツしか持っていないことに気づき、唖然とした。

それから三十年が経ち、このセート出身の男は絶えず話題に上るようになっていた。卑猥なゴリラや警官たちの妻の臍《へそ》のように、乱暴であると同時に魅惑的な彼の話は、当時のありふれた題材をもとに時代を一刀両断にした。一九五二年に最もヒットしたのは、ルネ・ルバ Renée Lebas の「お針仕事に精を出し *Tire l'aiguille*」、アンドレ・クラヴォー André Claveau の「二つの小さなバレエシューズ *Deux petits chaussons*」、リーヌ・ルノー Line Renaud の「私の可愛いおばかさん *Ma p'tite folie*」であり、人を不愉快にさせるような要素は何もない歌ばかりで、ブラッサンスの歌とは大違いであった。熊のようなこの男は、警官や司祭や軍隊に食ってかかったり、不愉快になった観客が全員、憤慨のあまり席を立ったこともあった。一九五三年、作家ルネ・ファレは「レ・トゥロア・ボーデに植えられた木 arbre planté sur la scène des Trois Baudets」[5]、つまりブラッサンスの栄光を讃え、風刺新聞『ル・カナール・アンシェネ《Le Canard enchaîné》』にコラムを書いた。ファレによればその「木」は、「故スターリン Staline にも、オーソン・ウェルズ Orson Welles にも、イタリアのカラブレア地方の木こりにも、西ゴート族にも、そして一対の口髭にも」似ているとのことである。ファレはブラッサンスの生涯の友となった。カネッティはブラッサンスを夏の巡業に送り出した。ブラッサンスに心酔して彼の専属コントラバス奏者になったピエール・ニコラや、パタシュー、レ・フレール・ジャックが一緒（ジョルジュにとってはひどくナンセンスなおふざけを披露する良い機会となる）だった。カネッティは「ゴリラ」の七十八回転レコードでの発売を企てたが、スキャンダルを恐れたフィリップス経営陣に反対されてしまう。そこでジャック・カネッティはポリドールのレーベルでレコードを発売することにした。ジョルジュとのデュエットでパタシューはすでに「ママン、パパ」を発売していたが、ソロで出した「修理好きの夫 *Le mari bricoleur*」もヒット曲となった。一九五三年から、「ゴリラ」が二年遅れであったがようやくヨーロッパ1局 Europe 1で放送されることになる。ここがこの歌を流すことを受け入れてくれた唯一の（開局したばかりであったが）局であった。次々と定期的に彼の七十八回転レコードが出されると、爆発的な売れ行きとなった。「悪い噂」に始まり、「小さな馬 *Le petit cheval*」、次いで「オーロックスの角 *Corne d'aurochs*」と「大殺戮」である。

一九五三年にはボビノ Bobino(6) の看板スターになっても、ブラッサンスのその厄介な性格と、友への熱い思いは変わらなかった。歌と歌の間に、彼の士気を高めるために来てくれた友人たちの姿が楽屋で見えなくなり、ブラッサンスは彼らの所在を尋ねた。ジャック・カネッティが彼らを追い払ったとの説明を受けると、彼は激怒し、カネッティを探し出し、その耳元でわめきたてた。「あなたなんてここでは何の役にも立たない！　芸小屋を動かしているのは、芸人なんです！」口の悪い無作法者ではあったが、それでも一九五四年にはブラッサンスは、続け様に二度もオランピア劇場 L'Olympia(7) の観客を託されることになる。そしてアカデミー・シャルル・クロ大賞(8) Le Grand Prix de l'Académie Charles-Cros が授与され、ドゥノエル出版社 Éditions Denoël からは、最高の栄誉として、全作品集が出版される。そうこうするうちに、ブラッサンスは二作目の小説『奇跡の塔』を出版する。猛烈な舞台活動を開始して以来十八ヵ月間で、ブラッサンスは「蓄音機のポルノ作家 Pornographe du phonographe」から詩人 poète という大層な地位に昇格し、二ヵ月前には非難ごうごうだった人たちが彼の栄誉を称えた。フィリップス社は有利な取引を取り戻し、彼の最初の三十三回転、二十五センチレコードを出す。『ジョルジュ・ブラッサンス詩的シャンソン（陽気な春歌もあり）を歌う « Georges Brassens chante les chansons poétiques (et souvent gaillardes) »』とのタイトルをつけた。「詩的」というのは大胆なタイトルである。しかし「詩人」であるブラッサンスは、自分の仕事に明快な自意識を持っていた。「シャンソンはしばしば取るに足りない者が作る芸術だが、取るに足りない芸術ではない。しごく厳正に考えねばならない。シャンソンの聴衆に対してもっと敬意を払うべきではないだろうか。彼らは通常、月並みな物から身を守る手段を持っていない。彼らの中には教養を身につける手段や、教育を受ける手段さえ持たない人もいる。そういう人たちに、素晴らしいものを提供すべきではないか。」その「素晴らしいもの」は彼のギターに溢れている。それを、彼の猫たちや、友達や、聴衆に分け与えてくれるよう、そっと頼んでみるだけで充分なのである。

【訳註】

（1）シャンソニエ Chansonnier とは、日本ではライブハウスを指すが、フランス語では本来、時事問題などについての歌詞を書き、自ら歌う歌手を指す用語。

（2）パタシュー Patachou は、シュークリーム用の生地、を意味する pâte à choux（パット・ア・シュー）をもじった名前。

（3）この逸話は有名で、蘆原英了氏の『シャンソンの手帖』pp.67-68 に「それからここで面白いのは、パタシューの号令に応じて歌わないお客さんがいると、そのお客さんのネクタイを大きなハサミで切り取る伝統があることだ。よほど歌わないお客さんがあると見えて、切り取られたネクタイが天井から沢山ぶら下がっている。そもそもキャバレーは会員組織になっていて、その会員が自作を歌うところであった。」という記述がある。

（4）『ユビュ王《Ubu roi》』とは一八九五年に発表されたアルフレッド・ジャリ Alfred Jarry の五幕からなる戯曲。幕開け直後の「クソッタレ！」というセリフが有名であった。

（5）ルネ・ファレが一九五三年四月二十九日、『ル・カナール・アンシェネ』紙に執筆したコラムの中で、ブラッサンスを表して用いた表現。

（6）パリ十四区モンパルナス界隈にある十九世紀から続く老舗の音楽ホール。ポピュラー音楽関係のコンサートホールとして有名な劇場。

（7）パリ九区にオペラ座界隈にある十九世紀から続く老舗の音楽ホール。ポピュラー音楽関係のコンサートホールとして有名な劇場。

（8）一九四七年に創設された、音楽評論家や音響専門家たちで構成される協会。十九世紀の詩人であり、録音技術分野のパイオニアともいえるシャルル・クロの名前を冠している。毎年、優れた作詞家やディスクなどに対し、様々な賞を設定している。

エスパス（ジョルジュ）ブラッサンス（博物館）への道案内
（セート、2008年、撮影：横山巖）

第五章　僕の木のそばで

「心静かで、瞑想的で、愁いに沈み、牧歌的で[1]……」。素晴らしい十二音節詩で書かれた穏やかで気品ある作品「噂の吹聴師たち」の中で、ブラッサンスは自らをそのように描いている。作家のガブリエル・ガルシア・マルケス Gabriel García Márquez は、ブラッサンスにはオランピア劇場でのプレミアで一度会っただけだが、その人物像を次のように描いている「[…] これは私にとって忘れられない思い出です。彼が楽屋に現れたとき、夜のコンサートの主役というよりは、道に迷った裏方といった風でした、トルコ風の並外れた口ひげ、逆立った髪、彼の父親が煉瓦を運ぶときに使うようなみすぼらしい靴を履いて……。まさに、おとなしい熊でした、そしてこれまで見たことのないほどの悲しい目をし、一方、何物にも決して尻込みしない詩人の本能も感じさせました。[…] 忘れられない夜となったそのオランピア劇場で、自分の聴衆に全てを晒すことへの生来の恐怖心からか、彼はかつてないほどに、憔悴しつくしたかのように歌いました。私たちは涙して聴きましたが、それが彼の歌の美しさのためなのか、あるいは、彼の孤独に対する憐憫の情ゆえなのか、わかりません。彼は別世界、別の時代に生まれるはずの人だったかもしれない。それはまさにフランソワ・ヴィヨンか、あるいは残酷であると同時に無防備なフランソワ・ラブレー François Rabelais (2) を目の前で聴いているかのようでした。」

ヨーロッパ1局のジャン・セルジュ Jean Serge に招かれたジャック・ブレルとの対談で、この「残酷で無防備なラブレー」は彼の真実の片鱗を幾つか曝け出している。「自分のことを話すのはかなり難しいことだし、また何のために歌うかの理由を説明するのも難しい。表現するのはとても難しい。人は他の人に聞いて欲しくて叫び声を上げ、助けを求め、友情を求めるんだ。人は天涯孤独であり、森の奥で途方にくれ、叫び声を上げ、助けを求める。私たちの声を聞いてくれる人はその気になれば来てくれる。人は遭難船であり、我々はSOSを発しているのだ。それは私がどの歌でもしていることなのです。私は助けてくれと叫んでいるのです。」ブラッサンスが必死のSOSを発しない時には、ブラッサンス号は油のように静かな海を航海しているか、立ち往生しているか、恐らく心の動きを見せたくないときであろう。ブレルのような人は生きるに際し、職業的な断絶、愛情の断絶、地理学的断絶さえも心の糧にしているが、ジョルジュ・ブラッサンスの生き方はそれとは逆に、突飛なくらい完璧に直線的で、彼はディーノ・ブッツァーティ Dino Buzzati(3)の描く登場人物のようなアンチヒーローとなった。一般に、生きることが比較的順調な時ほど、かえって人の心はあらゆる内面的な雷雨や嵐に晒されているのではないかと思われる。「相手への誠意を持ち続けること」、これが一見して五線紙のように規則正しく調整された人生行路の、キーワードとなるものである。彼の職業上のパートナーたちに対する誠意。とりわけ彼の右腕であり、バースドルフ収容所の元税務署職員ピエール・オンテニアントに対する誠意。ピエールはジョルジュが初めて小切手を受け取った時、「うまくやってくれ」と頼まれ、ジョルジュのマネージメントを引き受けたのである！　彼の音楽仲間たちへの誠意。特に疲れ知らずのピエール・ニコラ、彼とは二十五年もの間、絶え間なく舞台の上で秘密の長談義を交わしてきた。さらにフィリップス社、ヨーロッパ1局に対する誠意。ヨーロッパ1局は、ご存知のように、リスクを冒して最初に「ゴリラ」を流した放送局である。パリ十四区と袋小路フロリモンに対する愛惜の念。一九六六年、彼は強制されることがなかったら（それ自体は噴飯ものであったが）、そこを去ることはなかった。その時、あのジャンヌは七十五歳の春、彼女より四十歳年下のアル中と気まぐれから結婚したのだ。何たる皮肉、その男もジョルジュという名だった（息子のような年の愛人ジョルジュが別の愛人ジョルジュを追い出したのだ）！　仕事関係の友人に対する誠意、彼らが落ち目の時、ジョルジュは目立たないように手を貸してやることになる（ピエール・ルーキ Pierre Louki、マルセル・アモン Marcel Amont、ピエール・ペレ Pierre Perret）。最後に、彼の伴侶であるピュップシェンに対する誠意。彼女とは別々に生活していたが、彼女に対しては、結婚は申し込まない、という素晴らしい歌「独身主義者のバラード *La non-demande en mariage*」を書いている。「ピュップシェンは私の妻じゃない、私の女神！愛情が同棲によって何かみじめなものになるのを見すぎるほど見てきた。二人で毎日毎日生活を共にするのは耐えられない。もし私が我慢ならない妻と結婚していたら？　そんな女と暮らすのは、病気を抱えて暮らすようなものだろう。」

ぼくはまっぴらごめんだ
ポトフーのなかで　ヒナギクの
花びらをむしるなんて［…］
ぼくにはメイドなんて要らない
家事とさまざまな気苦労から
きみを免除してあげよう……
意中の女性であるきみを
永遠のフィアンセとして
いつまでも　いとおしもう……（松島征訳(4)）

彼はこの「永遠のフィアンセ」とは、子供をつくることは決してなかった。このことについてはゆるぎない一貫性をもってブラッサンスは言っている。「ピュップシェン母ちゃんと知り合った時、私は二十六歳だった。彼女には子供ができないことは私には分かっていたから、問題は解決済みだった。私は他の女性との子供をつくる気にはなれなかった。

そこで歌を作ることに子供をつくる以上の情熱を注いだ。誰でも子供をつくることができる。子供をつくるのは歌を作るより易しいからね。」

さらにまた彼の有名な「コン（馬鹿者）たちの一団」への誠意も挙げられる。ごく単純な中学生並みの悪ふざけをしながら、ブラッサンスは午後いっぱい彼らと一緒に過ごした。彼らのような魅力あふれる「馬鹿者たち」との付き合いは、彼にとってはカオスの世界であった。作家ルネ・ファレによって彼は、「セート生まれの不和の種 Sétois la zizanie」とあだ名されていたが、（ファレ自身は、「恨みのヴィルヌーヴ人 Villeneuvois la rancune とあだ名をつけ返された）、ブラッサンスは困ったことに対抗意識と悪口の種を蒔くのが大好きで、時の経つのを忘れ、議論の合間にはハムやソーセージや、およそ一ダースもの美味しいワインをたらふく飲み食いしながら、軍隊、ブルジョワ、警官や僧侶たちを肴にした。彼のところでは、その場にいないものがいつも悪者にされた。この楽しい会の参加者は王宮に仕える廷臣のようだった。たいていは師匠への称賛からやってきていたため、時には彼の口髭をたくわえた風采やパイプタバコを吸うしぐさまで真似しようとした。エリック・バティスタ Éric Battista 別名スポーツ馬鹿、彼は三段跳びでヨーロッパ選手権の記録保持者だった。ジャン＝ピエール・シャブロルは当時『ユマニテ《L'Humanité》』紙の記者。ピエール・オンテニアント、ルイ・ニュセラ、ルル・べスティウ、ジャン・ベルトラ Jean Bertola、ルネ・ルイ・ラフォルグ René-Louis Lafforgue、レイモン・ドゥヴォス、リノ・ヴァンチュラ Lino Ventura(5)、そして勿論ルネ・ファレもいたが、彼らは皆「太っちょクラブ le club du Gros」の架空の会員証を持っていた。相手によってはブラッサンスは、例えばピエール・ルーキのような仲間とは、謙虚さに満ちた関係を大切にし、午後の時間をずっと怠惰に物憂げに過ごすこともあった。彼にとってはこの沈黙の時間は、長ったらしい演説よりよほど雄弁に物語る、のであった。「友人たちは私と一緒にいることで安心した気持ちになったのだと思う。」とジョルジュはルイ・ニュセラに打ち明けている。「それは本当に光栄なことなのですが、私にはどんな問題にも答えを出すことはできないのです。彼らは多分私から、何か安心できるものを感じているのかもしれないけれど、当の私には自信なんてないし、何事にも確信はないのです。むしろ私の方が不安にかられる性格なのです。でも勿論、友人たちは私のところから意気消沈して帰るようなことはなく、反対に元気いっぱいに出ていきます。私には与えるものなど何もないのですが。ただ友情を、信頼を与える、それだけのことです。だけどそれは疲れるようなことではなく、逆に私の方こそ疲れを癒してもらっているのです。彼らが意気消沈して私のところへ来るとき、私もまた意気消沈しているとは知らず、二時間も話しこんで元気になって帰って行く。彼らが家から出て行ったとたんに、私もまた彼らの訪問のお陰で再び元気になっているのです。結局のところ、友人たちはすべてを与えてくれると同時に何でも持ち帰るのです。」

それでも、ジョルジュのほとんど修道士のような禁欲生活は、唯一のことに捧げられた。それは友情でもなく、愛情でもなく、仕事でもない、思想でなく、人生そのものでもない。それら全てが凝縮された創造物、歌だったのである。秘書兼会計士であったジブラルタルの役割の一つは、いささか積極的にやりすぎる人（ジャーナリスト、専門家、でしゃばりの友人たち）に水を差し、ブラッサンスに彼の唯一の熱愛の対象である創造に没頭してもらうことであった。ブラッサンスは職人として仕事をした。中世の職人たちがフランス全土を余すところなく修行して回ったように、何回となく歌詞を書き直し、それにつけるメロディも何通りも作曲し、リズムもテンポも変えてみた。それらの作品を客に聴かせる前に親しい人たちに聴かせて手ごたえを確かめたり、ときには公開するまで何年もの間寝かせておいた。そのことは彼の伝説的なまでの舞台上での記憶の欠落に説明がつく。それは記憶力の衰えによるものではなく（彼の場合は反対に驚くべきものである）、歌の手直しが過ぎたからであった。そのためやむなくオンテニアントは大きく歌詞が書かれたパネルを舞台の袖から腕を伸ばして懸命に支える羽目となった。

この穏やかで、純粋で慎ましい人生の流れの中から、ブラッサンスの作品は聴衆のために、よりいっそう強い力を引き出した。率直さ、謙虚さ、妥協への拒否は、ブラッサンスの中心的関心事であり、それは「笛吹きの少年 *Le petit joueur de flûteau*」の中に見事に描かれている。

笛吹きの少年がお城で音楽を演奏した
見事な歌曲のご褒美に
家紋をさずけようと王様がおっしゃった
ぼくは貴族になりたいとは思いません
貧しい音楽家は答えた

調号つきの紋章などいただいたら
ぼくの「楽音」（ラの音）はうぬぼれを始めるでしょう
国じゅうの連中は言うようになるでしょう
あの笛吹きは裏切った、と。（松島征訳[6]）

そして、この実直で名もない音楽家はお城で深々とお辞儀をし、帰っていった。

家紋もお墨付きも栄誉ももらわずに［…］
自分の生まれ故郷、藁葺き小屋、
両親とフィアンセのもとへ（松島征訳[7]）

揺るぎのない正義感を持ち、ブラッサンスは力強く立っていた。噂の吹聴師たちのトランペットが鳴り響くような時にも、物事を見る流儀を何一つ変えようとはしなかった。「栄誉の代償を支払うことはお断りして……」、彼は「公の場から離れて住むこと[8]」を好み、その文章や歌詞から、デマゴギーとなり得るものはすべて排除した。「最初から私は、人生に、またお金に、成功に、お偉方に、慎ましい人々に、真正面からいつも同じように振舞ってきました。実際のところ私は、歌によって最も熱心に『社会参加』する者の一人です。ただ、人は所属する党派によってその人を理解するのですが、私はたまたま、いかなる党派にも自分の権利を渡したいと思っていないだけです。だけど、私の街に条例のようなものがあれば、私はそれを尊重します。乱したくないですからね。そしてそれが多数派の法律であれば、多数派が正しいとは思いませんが、私は姿を消しますよ。」と彼は雑誌『レクスプレス《l'Expresse》』のインタビューに応じ告白している。名誉とは？「私に与えられる名誉があるとしたら、それは私の歌を愛してもらえることです。」と彼は口癖のように言い、一九六七年にアカデミー・フランセーズ L'Académie française[9]が彼に、二角帽と剣を手に入会の提案をした時も、仰天し、多少気持ちは動いたかもしれないが、入るのを拒んだのである。

お金？「お金を稼がないで済むように、資金は持っていないといけない。」と彼は繰り返し言っていたが実際は、存命中に五千四百万枚ものディスクが売れたのに、どれだけ自分の懐に入ったのか彼は知らなかった。ジブラルタルはブラッサンスの経理を見事な腕前で引き受けてくれ、一九五七年にはブラッサンスに働きかけ、「音楽出版社57 Editions Musicales 57」の創設に（ブラッサンス自身の歌の目録を管理するため）力をつくした。そのお陰もあって、すぐさまブラッサンスは生活するために働く必要がなくなった。彼はそれで充分満足し、時には自分の持金を慈善事業に投じたり、どうしても読んで欲しいと思う本を友人たちに提供したりした。お金について議論することを極度に嫌がり、彼はフィリップス社のトップを引き継いだ重役たちとレコードの契約交渉を考えなおそうとさえしなかった。結果、彼らの方から彼の著作権使用料を値上げしてきたのだった！　自由奔放であった若い頃には、最低限の快適さにも事欠く生活であったが、壮年になっても、彼の目立った贅沢は、まず中古のジープウィリー、そしてトラクション15/6や黒のDS(10)を買い、それを巡業中、自ら運転すること、それ以外には袋小路フロリモンに水道と電気をつけようとしたことだけである。「私は快適な暮らしが嫌いです。そこにどっぷり漬かると、身を滅ぼしてしまうから。［…］昔、快適な暮らしはなかったし、慰めになるものもなかったから、人間は自分を不幸せと思っていた。だから頭を働かせ手の届く範囲で何かできることを探したのです。それで神々を作り出し、ついで唯一神を作ったのです。唯一神は彼らに確かにいつかそのうちに幸せを与えてくれるでしょう。しかしながら今や人間は、自分自身が幸せを作り出していること、つまり、ある種の幸せ、快適さという幸せを作り出していることに気づいたのです。彼ら自身が自分の神なのです。そのため彼らは以前よりも深く考えることが少なくなって、いずれにしても、考えることが物質的レベルに留まっているのです。冷蔵庫、車、仕事、女、といった具合に。ついには自分に関係ないことはどうでもいい、と思うようになっているのです。」

ブラッサンスの全作品には、「寛容」という稀有な精神の風が吹いている。ジャック・シャンセル Jacques Chancel のラジオ番組「ラジオスコピー Radioscopie」の中で、巷にその言葉通りの意味では流布していないこの美徳について、彼は次のように言及している。

——あなたは自由という言葉をご存じだが、同様に寛容という言葉もよくご存じなのですか？

——寛容という言葉は、自由という言葉よりよく知っているかもしれません、勿論。

——それは自由より真実なもの？

――それがより真実なものかどうかは分かりません。だけどそれは、私にとってはより重要なものなのです。私は自由より寛容のセンスがある。というのは自由というのはかなり意味の範囲が広いのです。もし生きとし生けるものすべてが寛容の精神を持っていたら、自由は当たり前のものになるのです……。

「悪い噂」の中で、彼は次のように述べている。

私が暴れまわっていてもじっとしていても
よく分からない奴と思われている
私は誰にも迷惑をかけていない
地道にやっているだけ
ところがまともな連中は好まない
自分らと違う道を進む奴を(11)

それ以来、ブラッサンスはさらに多くの気前の良さと寛大さを、「田舎者」や「ブルジョワ」の側に要求している。彼は同じテーマを「オーヴェルニュの人に捧げる歌」、「四人の若者」、「丸刈りにされた女」で再び取り上げ、「どこかで生まれた人たちのバラード *La ballade des gens qui sont nés quelque part*」の中では、「国粋主義者の輩、軍人の記章をつけた連中」を激しく非難している。

彼らが生まれたのはありきたりの場所ではない
彼らは心の底から、運のない哀れな人々を憐れんでいる
その人々は不器用で
彼らのように生まれるべき場所を選んで生まれる気がなかったからである

彼らのかりそめの幸福にたいして警鐘が鳴る時
大なり小なり野蛮な外国人を相手に
一戦を交えて死ぬために、彼らは自分の穴から這い出して行く
どこかで生まれた幸せな愚か者たちは。(12)

ブラッサンスが時事問題を取り上げて歌った歌は、今日でもまだ通用する。

【訳註】

（1）「噂の吹聴師たち *Les trompettes de la renommée*」

（2）主に十六世紀に活躍したフランスの人文主義者、思想家。『ガルガンチュア物語』など。

（3）イタリアのジャーナリスト、美術評論家、作家。イタリアのカフカとも評される。

（4）「独身主義者のバラード *La non-demande en mariage*」『ＮＨＫラジオフランス語講座』二〇〇一年五月号「二〇世紀のシャンソン〜反骨の詩人たち〜」pp.86-89.

（5）イタリア出身、フランス映画界で活躍した俳優。

（6）「笛吹きの少年 *Le petit joueur de flûteau*」朝日カルチャー・センター「シャンソンの黄金時代」第三回「ＮＨＫの裏版的ブラッサンス」二〇〇二年八月十日。

（7）（6）に同じ

（8）「噂の吹聴師たち *Les trompettes de la renommée*」

（9）三世紀以上の歴史を持つ、フランスの国立学術団体。詩人、小説家、哲学者、科学者、医師など四十人で構成される。終身資格なので、死去により欠員が出ると補充される。大礼服を着用し、緑の礼服に二角帽、剣、などを身に着ける。フランス語の質を高めるべく、様々な試みを企て、賞や奨学金なども授与している。

（10）シトロエンが一九五五年にデビューさせた高級モデル。

（11）「悪い噂 *La mauvaise réputation*」

（12）「どこかで生まれた人たちのバラード *La ballade des gens qui sont nés quelque part*」

ジョルジュ・ブラッサンス公園
（パリ、2008 年、撮影：横山巖）

第六章　笛吹きの少年

一九五六年、貧乏音楽家はルネ・クレール René Clair の映画『リラの門 « Porte des Lilas »』に、ピエール・ブラッスール Pierre Brasseur と共演することを承諾した。シナリオの元となった『環状鉄道路線 « La Grande Ceinture »』なる本を書いたルネ・ファレへの友情からである。彼はまたその映画の音楽（甘美な「わが心の森には *Au bois de mon cœur*」、「酒 *Le vin*」、「アーモンドの木 *L'amandier*」）も作曲することに同意した。まさに芸術家の名にふさわしい芸術家と言えるブラッサンスの役柄は、大きなパイプも並外れた口髭もそのままで、彼のために作られた役柄のように思われた。役者としては新米だったが、ブラッサンスは何とかうまくやってのけた。しかし、映画という「魔力」の世界にさほど惹かれることはなかった。あるシーンで監督は彼に、警官が入って来たら椅子から立ち上がるよう指示を出したが、彼はきっぱりと断った。「憲兵に対して起立するなんて、冗談じゃない！」というような内容を叫んだ。そのため、そのシーンは変更されることになる。このただ一回の俳優体験について彼はリュック・ベリモンに、いくつかの冷めたコメントを漏らしている。「映画の中で、私は何もしませんでした。私はルネ・クレールの指示を待つだけにしていました。撮影中は何ら屈辱的なことはありませんでしたが、心底夢中になることも、興奮することもありませんでした。一ヵ月を過ごすなら、詩やメロディを考えたり、ギターを奏でることで時を過ごしたいものです……。スタジオの中はとても暑く、私は、暑さが大嫌いなんです。汗のしずくが鼻に沿って、更には口髭にしたたり落ちてきて……。私はどうしてよいか分からぬ思いでしたし、大勢の人が叫んでいました。『お静かに！　喋らないでください。』そんな状態で、私はひどく悲しくなりました。ルノー工場で働いていたことがあるのですが、いくらかその時の様子に似ているようでした……。」　映画界とはそれからは副次的な関係に留め、イヴ・ロベール監督 Yves Robert の映画『仲間たち《Les copains》』や、ミシェル・オディアール監督 Michel Audiard の『鍋の上、黒旗が翻る《Le drapeau noir flotte sur la marmite》』の音楽を作曲した。それ以外には友人アンリ・コルピ Henri Colpi の映画のために同名主題歌「ユリシーズのように幸福 *Heureux qui comme Ulysse*」をレコーディングした程度である。

一九五七年はひどく辛い年になった。二十日間ほどのオランピア劇場、同じ日数をアルハンブラやボビノでもこなしたため、腎疝痛発作に見舞われ、彼は取り乱し途方に暮れた。そのため頑固な不眠症も重なり、彼は疲れきってしまった。めったにすることがなかった外国巡業（スイス、ベルギー、イタリア）をしたことによる疲れも出て、翌年、一息入れる必要に駆られ、イヴリーヌ Yvelines 県クレスピエール Crespières の田舎に一軒家を手に入れた。隣にはブルヴィル Bourvil[1] がいて、それは良かったが、軍隊のキャンプ地もあって、そちらは今一つであった。一軒家を構えたことで、彼は両親や友人を迎えることができ、彼の十八番である写真に熱中する機会ともなった。後になって、その住まいをブラッサンスは手放したが、それは近隣の土地が不動産開発業者に売られ、おびただしい数の一戸建が建てられることになったからである。そしてブラッサンスの家は、その後空き巣に入られ、手の施しようもなくほぼ完全に壊され荒らされてしまうことになる。それより遡ること数年、まるでこの事態を予見するかのように彼は「盗人に捧げるバラード *Stances à un cambrioleur*」の中で泥棒たちに次のような言葉で、前もって感謝の意を表していた。

君の行為の価値を私は高く評価してるんだよ
帰る時にはきちんと戸を閉めてくれた
浮浪者たちが、残っていた物を持ち去らぬように
泥棒もこうでなくちゃ、今時珍しいことだが(2)

一九五八年から一九五九年にかけて、二度とないような例外的な年となる。彼はスイス、ベルギー、イタリアのみならず、北アフリカまで行ってリサイタルを行った。それは彼のような出不精者には考えられないくらいの遠さだった。そんなフランスや外国巡業と並行して、勿論、彼は三十三回転二十五センチシリーズのレコーディングもしていた。毎回、ファンはどんなものが出るかと期待に胸をふくらませて待っていた。

ジョルジュ・ブラッサンスとのスタジオでの仕事は、ハイテク技術者のトップ会議というよりは、松明を焚き夜を徹して語り合う時間に似ていた。デビュー間もない頃すで

に、ブラッサンスはカネッティに対し、穏やかに不平を言っていた。「宜しいですか。私の歌のことは私が一番よくわかっています。そして、自分に合った調子で歌う歌を持ってきているのです。あなたのためにレコードを作っているのですから、やり直しなどさせないでください。」ブラッサンスはその音楽活動において、スタジオではずっと同じ調子だった。一時間半ほど無駄話をし、ふざけ合い、それはジョルジュをご機嫌にするためのことだったが、それから手に唾を吹っかけ、全員集合で仕事開始。一つの歌に録音は一度のみ。そして一回で八つの歌を録音すれば、ほら、アルバムの出来上がり！　である。こういうやりかたの強みは「素朴」であるという点である。それがまさにブラッサンスのサウンドやその演奏の神髄と合致していたため、音楽的にもレコーディングの質は申し分なかった。その他のことは、ブラッサンスにはどうでもよいことだった。録音を聴き直した時、彼の耳には十分な音が出ていないと思っても、彼はあえて指摘しなかった。余分な手間をかけさせないためである。彼のコントラバス奏者であるピエール・ニコラが結果に満足していれば、彼はそれで終了とした。ある日、録音技師のアンドレ・タヴェルニエ André Tavernier がブラッサンスに、時々音程が外れているとほのめかすと、ブラッサンスはこか?」

う反論した。「あなたは『きみを愛してる』と言う時に、常に正しい音程で言ってました

　彼の周囲の音楽仲間については、顔ぶれはいつも同じだった。固い絆のピエール・ニコラ、彼とは二十五年にわたり共同作業を行った。そして三人のギタリストは次々と後を引き継いでブラッサンスの伴奏をしたが、決して表に出ることはなかった。一人目はヴィクトル・アピセラ Victor Apicella で、ニコラと同じく、レオ・クラランス Léo Clarens のオーケストラから採用した。アピセラは癌で他界し、バルテレミ・ロッソ Barthélémy Rosso に替わった。ロッソは古典のしっかりした教養を身に付けたギタリストだったが、彼もまた癌で亡くなった。三人目は作詞作曲家のジョエル・ファヴロー Joël Favreau であった。皆、ミュージシャンであり歌い手でもあるブラッサンスを称賛し、彼に多大なる尊敬の念を抱いていた。そして彼がブルースやフォークソングについても、優れた直観を持っていることに気づいていた。作曲について言えばあまりに多くの批評家がけなしたものだから、「エレーヌの木靴 *Les sabots d'Hélène*」の作者ブラッサンスは、ルイ・ニュセラにこんな所感を述べている。「私の音楽がいつも同じで、全くつまらないなどとは、ミュージ

シャンたちはまず言わないでしょう。私は目立ちすぎないように作り、少なくとも聞こえすぎないように作るよう努めています。私の音楽が『私のブロンドのそばに *Auprès de ma blonde*』や『ディジョンへの道 *Sur la route de Dijon*』に似ているよう努めています。私は大衆の注意が装飾音やフルートやトランペットの音によって逸らされても、こだわりません。私はそういうことは実際は好きなのです。私は自分の歌にオーケストレーションを付けてみたかったのですが、今ではそんなことは私には似合わない、と思っています。」

一九五九年、ビアリッツを経由するフランス巡業中のこと、ブラッサンスは映画館で突然気分が悪くなった。腎臓病が原因であった。彼は新鮮な空気を吸うために外へ出た。一人の警官がそこを通りかかり、顔色の悪いブラッサンスに気づくと、警官嫌いの歌のことなど意にも介さず、ためらいもなく近寄り、彼が風邪を引かぬよう自分の外套を着せてくれた。七年後、ブラッサンスは「遺失物 *L'épave*」を歌うことになる。かつては「くたばれポリ公！」などと破廉恥にも叫んでいた彼も、その世話になった警官に言及することで、この歌を機会に自らの見解を修正したのである。彼の母エルヴィラがその時まで生きていたら、大喜びしたことであろう。それは、彼女自身輸血が必要だった時、警官の血を貰ったことがあるからで、「これからは、うちの家系には警官の血が流れてるから！」という理由で、お役人にはもっと優しくするようにと息子に強く頼んでいたからである。

一九六〇年代はジョルジュ・ブラッサンスにとって、悲喜こもごもの運命が予想された。彼の名声とフランス歌謡界における「正統派」とされる地位は高くなるばかりで、ついに確定的なものとなった。彼について書かれた最初の本も、一九六〇年に出版されている(3)。彼はカナダへの巡業にとりかかり、九枚目の二十五センチレコードが一九六二年に発売された。しかしその同じ年、母親がセートで亡くなる。彼女は舞台の上での彼を一度も見ることなく亡くなった。「母は『わが心の森には』、『蝶々とり』、あるいは『雨傘 *Le parapluie*』が好きでした。しかし私の下品な言葉が気に入らなかったのです。」と彼は説明している。ポール・フォールや『ル・リベルテール』の詩人アルマン・ロバンはブラッサンスの母にわずかに先んじて亡くなっていた。母の埋葬の二週間後、彼は腎臓の手術を受けねばならなかった。オランピア劇場での公演中に激しい症状を来たしたためである。当時の劇場支配人ブルノ・コカトリックス Bruno Coquatrix はそんな事情にさほど心を動かされることはなく、彼に契約を果たすことを強いた。それで彼は診療所からコンサート会場に救急車で戻るまで、監視下に置かれたのだ。ブラッサンスはそのことを根に持って、次回はボビノの方に出演することを望んだ。

一九六五年、不幸が相次いだ。今度は彼の父が亡くなる番で、二ヵ月後にはマルセル・プランシュがそれに続いた。ジャンヌはもはや健康な状態にはなく、大腿骨頚部骨折と乳癌の危険な状態から脱してはいたが、肺うっ血状態にあった。関係者の間に、ブラッサンスについての噂はさっとひろがった。彼は痩せこけたように見えたため、不治の病にかかったのだと言われていた。一九六六年に彼は国立民衆劇場の舞台上で反撃に出た。そこでは記念すべき「病状報告書 *Bulletin de santé*」によって、ジュリエット・グレコとポスターに並んで映った。

私の頬肉はそげ、太鼓腹は失せた
それがあまりに極端で、突然だったので
不治の病と思われ
医神アスクレピオスを嗤い、そしてあきれさせた(4)

ルフラン（繰り返し）には驚くことに、マラルメの詩（「私は憑りつかれている。蒼穹！蒼穹！　蒼穹！　蒼穹！」[5]）をもじっている。

私が太っちょや、頬のふっくらした人、肥満体の人を裏切ったとして、
それはやったせい、やったせい、やったせい
雄山羊のように、雄羊のように、獣のように、野獣のように
私は憑りつかれている。発情期、発情期、発情期、発情期！

一九六六年、国立民衆劇場での出来栄えは素晴らしかった。弦楽の繊細な対旋律が見事な「独身主義者のバラード」に続き、「尻叩き」、「セートの浜に埋葬を望む嘆願書 *Supplique pour être enterré à La plage de Sète*」、「楢の大木 *Le grand chêne*」、「幽霊 *Le fantôme*」、「複数形 *Le pluriel*」が並んだ。作品の主たるテーマはすべてその中に凝縮され、文体は豪華に密度が高く繊細で、彼は最盛期を迎えていた。死はジョルジュ・ブラッサン

スがもっとも多く扱ったテーマの一つであった。埋葬には必ず立ち会っている彼は、昔の葬儀の在り方を「過日の葬儀 *Les funérailles d'antan*」の中で懐かしんでいる。

我らが祖父たちの
小さな霊柩車
がたがたと揺れてゆく
小さな亡骸
ずんぐりとして裕福だった(6)

と死神に憑りつかれている様子は、彼の多くの作品の中に、様々な調子で――悲劇的に、喜劇的に、厳かに、反抗的に、あるいは同情的に――言及されている。豪快な「アルシバルおじさん *Oncle Archibald*」の中で、不遜な詩人ブラッサンスは「死神様よ Sa Majesté la Mort」と、死神を魅惑的な風貌の淫乱女に描いている。

淫乱女
お墓の
歩道を闊歩する
男たちに色目を使いながら
行儀悪くも、いくらか高くに
その白いマントの裾をからげて(7)

もっとも、彼が苦しみから逃れるためエロティシズムの手を借りようとしたのは、これが最後ではない。この手法は「幽霊」の中でも用いられ――ジョゼフ・L・マンキウィッツ監督 Joseph Leo Mankiewicz の秀作『ミュイル夫人の幽霊《Le fantôme de Madame Muir》(8)』に匹敵するほどの寓話で――そこでは語り手はある女性の幽霊とセックスをしてから、いつものノスタルジーで結末をつけるのである。

さても各々方、よく言われることですが

古の美女たちはとんでもなく助平なのです。(9)

ジョルジュ・ブラッサンスは「遺言 *Le Testament*」以降、そっくり一つの歌を自分の死に充てるようになっている。

まだ楢の木は立ってるかい
もしくは、私の棺に使う樅の木は？

彼は結末をつける前に、こう自問する。

扉の前に記した
「葬儀につき休業」
私は、何の恨みもなくこの世を去りました
もう歯の痛みも起こるまい(10)……。

数年後、彼はこの遺言書への最初の補足として、あの有名な「セートの浜に埋葬を望む嘆願書」を書いたのである。

ポール・ヴァレリ先生にはおこがましいが
[…]
先生の詩作が俺のより数段上等だとしても
せめて俺の墓地の方が海辺近くありたいもの(11)（松島征訳）

そして二回目の補足は、一九七六年、「死を欺け *Trompe la mort*」であった。死のテーマと同じく愛のテーマも、歌の流れに沿って、ほんの細部に至るまで探求されたため、豊富なニュアンスと繊細さを伴っている。「あなたとランデヴー *J'ai rendez-vous avec vous*」、「蝶々とり」、「俺は不良少年 *Je suis un voyou*」、「ベンチの恋人たち」、「澄んだ泉のほとりで」には優雅さと軽快さがあり、「初めての女の子 *La première fille*」、「古え

の恋人たち *Les amours d'antan*」、「九月二十二日 *Le vingt-deux septembre*」には、心にそのまま直接届くノスタルジーと真の繊細さがある。「尻叩き」、「きれいなお尻のヴィーナス *Vénus callipyge*」、「女体賛美 *Le blason*」には、茶目っ気のある微妙な官能性が見られ、また「フェルナンド *Fernande*」にはラブレー的卑猥さが窺われ、「衛兵隊の歌(12)」に相当する程のものだった。一九六六年には「独身主義者のバラード」で大胆な信条告白をしたブラッサンスであるが、この作品で再び、その何年か前に書いた「サテュルヌ」に見られるような優しさを取り戻した。「サテュルヌ」は、他の追随を許さぬほどの傑作で、秋の花の美しさを切実なまでに誉めそやした作品である。以下の最終連は有名である。

君の優美さの全てを僕は諳んじているよ
それで、全てを忘れるためには
サテュルヌに頼んで
砂時計を何度も回転させて
もらう必要があろう

そしてそこらにいる小便臭い娘なんて
お呼びじゃない。[13]

同様のことが、繰り返し現れる友情というテーマ（大成功を収めたものの一つである「仲間を先に *Les copains d'abord*」や、「わが心の森には」、「オーヴェルニュの人に捧げる歌」、「僕の木のそばで」）にも当てはまる。そして、彼の作品にあまねく見られる社会的・政治的個人主義も同様であり、このテーマが最高潮に達するのが「複数形」である。

複数になることは人間には何の価値もない。
四人以上になるやいなや
皆、馬鹿者の集団になるのだから
それが私の信条なのだ、だから私はそこにこだわる
狼たちの声の中では私の声は聞こえない。[14]

宗教的なテーマについてもしかり。「不信心者」は、誠実ではあるが不遜にもこう叫んでいる。

我々の時代で、神を信じないこと以上に忌々《いまいま》しく絶望的なことがあろうか？
信仰を持てるものなら、炭屋の信仰を持ってみたい
炭屋は法王のように幸せで、籠のように愚かなのだ(15)

そして「聖水盤の中の嵐 *Tempête dans un bénitier*」へと続き、懐古趣味のブラッサンスは、ラテン語でのミサがなくなったことを茶化しつつ懐かしんでいる。

おお、聖母マリア様、神の御母であられる方よ
忌々《いまいま》しい修道士たちに仰ってください、
彼らはラテン語を使わないから我々は困っている、と(16)

と調子が変わる。神に関しては、彼はさらに言う。「私のお気に入りの詩人、それはキリストです。勿論、キリストが存在していて、福音書を自ら書いた、もしくは書かせたと認めるならばですが。［…］もし私の歌に、また私の文章に、何か神秘的なものがあるとしたら、それはこの有名な詩人から与えられた糧に由来するものです。」彼の人生や活動が進むにつれ、ブラッサンスの思考はダイヤモンドの光沢のように純粋になり、その無数の面からの輝きに包まれてゆく。

【訳註】

（1）本名：André Raimbourg, フランスのシャンソン歌手、俳優、コメディアン。「フルーツサラダ *Salade de fruits*」など。

（2）「盗人に捧げるバラード *Stances à un cambrioleur*」

（3）『ジョルジュ・ブラッサンスとシャンソン、日々のポエジー « *Georges Brassens et la poésie quotidienne de la chanson* »』, Éditions du cerf, 1960.

（4）「症状報告書 *Le bulletin de santé*」

（5）Stéphane Mallarmé : Je suis hanté. L'Azur ! L'Azur ! L'Azur ! L'Azur ! (「蒼穹 *l'Azur*」1864)
（6）「過日の葬儀 *Les funérailles d'antan*」
（7）「アルシバルおじさん *Oncle Archibald*」
（8）著者はここでタイトルを『ミュイル夫人の幽霊《Le fantôme de Madame Muir》』としているが、実際にフランスで上映された際の正式タイトルは、『ミュイル夫人の冒険《L'aventure de Madame Muir》』である。原語タイトルは《The ghost and Mrs.Muir》邦題は『幽霊と未亡人』である。
（9）「幽霊 *Le fantôme*」
（10）「遺言 *Le testament*」
（11）「セートの浜に埋葬を望む嘆願書 *Supplique pour être enterré à la plage de Sète*」朝日カルチャー・センターに於ける松島征氏の講座テキスト「シャンソンとシネマ」第三回「ブラッサンスとムスタキ」二〇〇三年八月二日「セートの浜に埋葬されたいという切なる願い」より抜粋。
（12）猥褻で卑猥な歌のこと。

（13）「サテュルヌ *Saturne*」
（14）「複数形 *Le pluriel*」
（15）「不信心者 *Le mécréant*」
（16）「聖水盤の中の嵐 *Tempête dans un bénitier*」

第七章　セートの浜に埋葬を望む嘆願書

一九六六年、ブラッサンスはジャンヌの見事なまでの気まぐれのため、袋小路フロリモンから追い出され、他へ移ることになる。ジャンヌは若い夫と共に、オートバイでブルターニュに新婚旅行に出かけてしまったのである。ブラッサンスは不本意ながら、同じ十四区にあるエミール・デュボア通り、彼が嫌っていた最新式の豪華な住居の一つ、メリディアンに住むことになった。そこには長年の友人であり最も近くに住んでいたジャック・ブレルが、度々訪ねてきている。ブラッサンスを病院へ連れて行ったのもそのブレルだった。一九六七年二月、彼が新たに激しい腎疝痛発作に襲われたのは、フランス、スイス、ベルギーを巡業した後のことである。彼を苦しめていた結石を外科的に摘出してもらわねばならなかった。同年、アカデミー・フランセーズ詩大賞を受賞したことは、彼にとって心の慰めとなった。

ブラッサンスは、一九六八年五月には何をしていたかと問われた時、「腎疝痛！」と答えた。この冗談はとびっきりの出来だった。挑発的な言葉とも思われたが、実際、その言葉通りだった。彼は習慣的に社会運動には直接関わっていなかったからだ。この習慣を破ったのは一九七二年、死刑反対のための社会運動に参加したときだけで、レオ・フェレ Léo Ferré と共にそのための特別上演を引き受けることとなる。詩人ブラッサンスの共感が若い反体制者たちに向けられたのは当然であった。「当初は社会に対する反抗であり、政治的反抗ではなかった、だからその反抗は美しいものだった。」と彼は明確に述べている。ただ、「過ぎ行く時の大通り *Le boulevard du temps qui passe*」の中で（その大通りは遺憾ながらサン・ミッシェル大通りにそっくりであるが）、ほろ苦い口調で皮肉ってはいるが。

老いぼれや、もうろく爺さん
あわれな偽善者たちは

甲羅の中でよろめいている
彼らを目にしたのは、昔のこと
若く高慢な頃だった
過ぎ行く時の大通り(2)

不幸がさらに重なり、この時期は暗いものとなった。ジャンヌの死である。十月二十四日、七十七歳、胆嚢手術の最中のことであった。しかしながらブラッサンスは袋小路フロリモンには戻らなかった。当時そこはピエール・オンテニアントの所有になっていた。ブラッサンスはそれよりも、一九六九年、十五区サントス・デュモン通りに、庭つきの素敵な家を購入するほうを望んだ。その家では二匹の猫と戯れることができた。地下室があり、そこで電子オルガンを使って作曲できたし、隣人に気兼ねなく彼の気に入った音量(つまり大音量)でレコードを聴くことができた。「ポーランド女」とあだ名された家政婦は実直に手早く家事をやってくれた。そこには彼が落ち着いて静かに仕事を続けるのにあつらえ向きの環境があった。「私はいささか猫のようなものでした。」と彼は、リュック・ベリモンのインタビューに答えて言っている。「私はかなり出不精な人間です。猫と同じようなもので、安全圏からあまり出たくないのです。ご存知の通り、猫には自分が安心できる縄張りがあり、そこを越えて危険を伴う外の世界まで出かけて行くことはできません。私はいくらか自分の中に閉じこもって生きてゆくのに慣れています。(…) 旅行も大したものをもたらしてはくれません。私は自分の周りで起きていることなど目に入らないからです。」ボビノに復帰し、数々の新しい歌は、熱烈な歓迎をしようと待ち構えていた観客を魅了した。「修道女 *La religieuse*」は倒錯していると思われる尼僧を大胆に描いている。

心ゆくまで、彼女は自分の裸身を映す
正面、側面それになんと背中からも!
十字架の縁にまるでコート掛けのように
衣服を無造作に引っ掛けてから
聖歌隊の少年たちも少しずつ悪に侵されていく(3) (…)

「ベカシーヌ」、「小汚い男 *Sale petit bonhomme*」、「薔薇と酒瓶と握手 *La rose, la bouteille et la poignée de main*」あるいは「先祖 *L'ancêtre*」も同じく喝采を浴びた（…）。同じ年、彼の作品のいくつかはエコール・ノルマル入学試験で用いられた。ブラッサンスはもはや古典的作家あるいは教育的存在だけではなく、記念碑的存在となったのだ。

一九七〇年、彼は再び舞台に登場した。三月にはパリの共済会館、次いでフランスとベルギー巡業である。髪は白くなり、口髭はいくらか抜け落ち、ジョルジュは五十歳の誕生日を祝ってもらった。傍らにいた友人たちは、ジュリエット・グレコ、レイモン・ドゥヴォス、ルネ・ファレ、ルイ・ニュセラであった。いつも仕事で拘束されていたため、抜け出せたのはブルターニュのコート・デュ・ノール県だけだった。その地方出身のジャンヌの甥をしばしば訪ねたのである。彼はその地で一軒の家を買うことにした。一九七三年レザルドリユー Lézardrieux[4] に一軒見つけ出し、自らハンドルを握り、ピュップシェン Püppchen を助手席に、誰でもそうするように、渋滞を辛抱強く耐えつつ出掛けていった。そうこうするうちに、一九七二年にはボビノで丸三ヵ月公演を行ったが、その際、若い（若くない世代もいたが）シンガーソングライターの一団に、彼の前座を分担させチャンスを与えていた。それは彼の気前の良い習慣の一つで、終生続けることになる。そこにはピエール・ルーキ、フィリップ・シャテルPhilippe Chatel、イヴ・シモンYves Simon、アンリ・タシャンHenri Tachanそれにマクシム・ル・フォレスティエMaxime Le Forestierなどもおり、ブラッサンスは実に優れた嗅覚と趣味を持っていたことになる。一九七二年、彼は、年甲斐もなく、小さな騒ぎを引き起こした。彼の歌「思想のために死す」は万人好みではなかった。特に五月革命に参加した長髪の若き革命家たちは、ブラッサンスのことを自分たちに好意的な「ジョルジュおじちゃん」とみなしていただけに、彼らには受け入れられない歌詞であった。

どの思想も、例のいけにえとやらを求めるものだから
古傷をもたない党派なんてありやしない
それに新米の殉教者には難問が立ちふさがる
思想のために死ぬのは立派なことだが、さてどれにしたものか?（松島征訳(5)）

と彼は悲観的に自問している。

パリの喧騒を逃れ、石工のせがれとして自ら改装したブルターニュにある花崗岩の家で過ごし、ジョルジュは「ブルターニュ人化」した。朝五時に起き、パイプをくわえ、パンポルPaimpol(6)にあるカフェ・タバの開くのを待って、ヴァカンスにやって来た一般人のように、客や常連と語りあった。

みすぼらしいパリの
古びた街角
広場には
古いビストロがある
そこは不愉快極まりない
デブの店主がやっている(7)

そんなパリからは遠かった。ここでは世捨て人ブラッサンスも忌憚なく、誰彼となく一緒になって楽しむのだった。これは初めてのことだった。家に戻って、友人を迎える時、彼は自分の「特別料理」を賞味させた。エナフ Hénaff 社のパテの缶詰、ソピケ Saupiquet 社の魚の缶詰、彼が夢中になっていたロワコ Royco 社の即席スープ！ 精神の糧のエキスパートであったブラッサンスも、俗世界の糧についてはさほど通ではなかった……。

一九七三年、彼はフランスとベルギーへの新しい巡業を始めた。これが彼の最後の巡業となる。舞台の上では、長年、手ひどい歓迎も経験し、自分を人前に晒すことについては消極的だったこの年老いた熊も、観客の共感の証を欲しいと思うようになった。拍手する観客がたとえ四人になってもアンコールの呼びかけには戻り続けた、彼らを失望させるのが怖かったから、と彼は言っている……。彼にしては例外的なことだが、英国のウェールズのカーディフ Cardiff に赴いた。彼はアメリカの大学生たちとの話し合いに定期的招待を受けており、その都度、出不精と旅行嫌いのため断っていたのだが、このときはコリン・エヴァンスというフランス語教師の度重なる要望に応じたのである。彼はカーディフ大学のシャーマン劇場の舞台に二度立ち、その模様は三十センチライヴレコードに収録され、『英国でのジョルジュ・ブラッサンス《Georges Brassens in Great Britain》』と素朴なタイトルをつけて翌年発売された。ほんのひと時だったが英国と良好な関係を持てたことで、彼は喜んでシェークスピアの言葉を習う決心をしたのだった。

しかしその頃、しだいに強まってきた腎疝痛発作のため、彼は巡業の中断を決心することになる。一九七五年、彼はパリ市大賞を受賞した、そして翌年、これが最後のアルバムになろうとは彼はまだ知る由もなかったが、十二番目のアルバムを出した。

まだまだ明日のことじゃないよ、いやはや！
私のお通夜は

と、彼は「死を欺け」の中で、序曲のように歌い始める。

もしも墓場で
近いうちに葬式をすることになれば
私と見間違うような

死体を埋めることになる
涙の排水栓を抜いて
舞台の袖にいる黒子を溺れさせないで
それはお笑いぐさでしかなく
みせかけの退場に過ぎない(8)

私たちはここで暗に知らされていたのだ。それ以外には三十三回転レコードには、「水きり遊び *Les ricochets*」のような、ブラッサンス党を喜ばせるいつもながらの収穫物が含まれている。この歌は彼がおよそ四十年前パリにやって来たときを思い起こさせるものである。

まだ何も知らない若造だった
モンパルナスの小山に
突撃したのは

だが、まず第一に向かったのが
ミラボー橋だったとしても
誰も驚きはすまい
それはあのアポリネールに
敬意を表するため(9)

そのレコードには驚くべき曲、「ドン・ファン *Don Juan*」も入っている（本当に趣味の悪いのは「物騒な女たち *Les casseuses*」だが、それはさておき）。

迷ったハリネズミや道を間違えたヒキガエルを
押し潰しはしないかと死ぬほど恐れて
車のブレーキを踏む者に栄光あれ！
そして、ある日、誰も見向きもしないような娘に微笑みかけた
ドン・ファンにも栄光あれ

そのあまりにも淫らな娘、私にはその娘が必要なのだ[10]

彼は最後の舞台に上がった。大成功だった。五ヵ月もの間、一九七六年十月十九日から一九七七年三月二十日まで、ボビノを前売り興行で満員札止めにし、これまでの入場記録を吹き飛ばした。彼は幸せな思いでこの仕事を終えつつも、疲れ切った。そして彼を定期的に襲う激しい発作より、もっと険悪な痛みによって、彼は衰弱してしまった。一九七九年、彼は子供向けのフィリップ・シャテルの音楽物語『エミリー・ジョリー « Emilie Jolie »』でハリネズミを演じた。一生独りで生きる方が良い、他人と関わりを持つより、棘でわが身を守る方が良いというハリネズミの役は、彼にぴったりの役だった。彼はまた、その同じ年、友人のムスターシュ Moustache、レ・プチ・フランセ Les Petits Français と共に、彼の音楽をジャズ風に編曲した二枚の器楽演奏アルバムを録音した。かくして彼は昔からの夢を実現したのだ。大オーケストラの中に埋没するような一介のミュージシャンでしかなかった頃の夢である。そして一九八〇年、リノ・ヴァンチュラのペルス・ネージュ（待雪草）Perce-Neige 協会[11]の利益になるように、『彼の若き日の歌 « Les chansons de sa jeunesse »』を録音した。二十七曲収められ、解説もその場で録音された。彼の母が彼のために歌ってくれた歌ばかりである。「良き友達を持つ *Avoir un bon copain*」[12]から「ヴェルレーヌ *Verlaine*」[13]まで。その間には、「ブム *Boum*」[14]、「木馬のルフラン *Le refrain des chevaux de bois*」[15]、「小道 *Le petit chemin*」[16]も収められていた。これらの歌を練習するのは、ブラッサンスにとって味わい深く、感動的な体験だった。

十一月、ブラッサンスはあらためて外科手術を受けた。痩せ細り、その衣服の中でぶらぶら漂い[17]、かつては「太っちょ」と呼ばれ、その後は「翁」と名づけられたかつての大立者は、自分が癌に侵されていることを知っていた。が、そのことを彼の近しい人はおろか、誰にもいわなかった。小康状態の時もあり、その時は希望を持てたが病気は進行した。一九八一年夏、セートで放送番組の収録を終え、またパリに戻ると彼の状態は悪化した。彼は病床につくことを余儀なくされたが、好きな作家の本を読み返したり、普段通りのからかい好きで、冗談を言おうと努めたりした。「死ぬ前には、まだペストやコレラのような病にもかかるかもしれない。ものもらいや歯槽膿漏、中耳炎にもかかるかもしれないが、まあそれはともかく。」それから彼は、セートとモンペリエの間にあるサン・ジェリ・デュ・フェスク Saint-Gély-du-Fesc に、主治医ブスケ Bousquet 医師の自宅まで出掛けて行く決心をした。彼は「人を煩わせぬよう」、一九八一年十月二十九日、二十三時十五分、六十歳で亡くなった。セート―パリ、パリ―セート。振り出しに戻った。二つの目的地を行き来する、変わることのない旅の生涯であった。

幸いなるかな、ユリシーズのように
よき旅をした者は
そして数えきれぬ風景を見たのち
帰国し、再び
若き頃の国を見ることができた者も、幸いなるかな(18)

【訳註】

(1) 一九六八年はフランスでは五月革命(フランス語では Mai 68)という、学生及び労働者の大掛かりなスト、デモ、一斉蜂起、といった社会運動の年であったため、ブラッサンスがそれに際しどのような行動をとったのか、と問われている。

（2）「過ぎ行く時の大通り *Le boulevard du temps qui passe*」

（3）「修道女 *La religieuse*」

（4）ブルターニュ地方コート・ダルモール県 Côte d'Armor にある村。

（5）「思想のために死す *Mourir pour des idées*」

朝日カルチャー・センターに於ける松島征氏による講座テキスト「シャンソンの黄金時代」第四回「時流に逆らって」二〇〇〇年六月三日「思想のために死す」より抜粋。

（6）ブルターニュ地方コート・ダルモール県 Côte d'Armor にある村。

（7）「ビストロ *Le bistrot*」

（8）「死を欺け *Trompe la mort*」

（9）「水きり遊び *Les ricochets*」

（10）「ドン・ファン *Don Juan*」

（11）Association Perce-Neige リノ・ヴァンチュラによって設立された、精神障害を持つ人々を支援する団体。

(12) 原曲はドイツ語の「ある友、ある良き友 *Ein Freund, ein guter Freund*」（作詞：Robert Gilbert 作曲：Werner Richard Heymann）。フランス語の作詞者はジャン・ボワイエ Jean Boyer。

(13) 詩人ポール・ヴェルレーヌ Paul Verlaine の代表作の一つ「秋の歌 Chanson d'automne（一八六六年）」にセヴラン・リュイノ Séverin Luino やシャルル・トレネ Charles Trenet が曲を付けた作品。

(14) 作詞：Charles Trenet, Raoul Breton, 作曲：Charles Trenet 一九三八年.

(15) 作詞：Maurice Vanderhaeghen, Charles Cachant, 作曲：Maurice Alexander

(16) 作詞：Jean Nohain, 作曲：Mireille

(17)「過ぎ行く時の大通り *Le boulevard du temps qui passe*」の一行をもじった表現。「その甲殻の中でぶらぶら漂い Chancelant dans leur carapace」

(18)「ユリシーズのように幸福 *Heureux qui comme Ulysse*」

エピローグ

フィリップ・グランベール Philippe Grimbert は彼の著作『歌の心理分析 « Psychanalyse de la chanson »』（Les Belles-Lettres 社）の中で、なぜ歌を愛好することが私たち一人一人の中に、これほどまでにしっかり根づいているのかを分析しようとした。グランベールの到達した結論によれば、母親の胎内にいる胎児は、両親の声によって他者を初めて知覚するのである。ついで小声で口ずさんでやることで子供は学習する。数え歌を小声で歌って、アルファベットや掛け算の九九を教えてやったりするが、それがどんな歌だったとしても、その歌を歌うたび、切ない郷愁の思いがこみ上げてくるのである。

低い声、深いところから出てくる声、シューといった音が目立つ声、しゃがれ声、慎み深い声、むっつり屋ブラッサンスの声は恐らく無意識のうちにも、私たちに父親の声を思い出させるものなのだろう。父親とは、私たちを最初に自分の腕に抱きあげ、感情の高ぶりから、口髭のところまで流れてきた涙をそっとぬぐうような存在なのだ。父親の声が聞かれなくなった日、私たちは皆、わが身のために泣き、そして往々にして、うまくいっていなかった父親との関係――会話がなく、すれちがいばかり、後ろめたそうな薄笑い、ぎこちない抱擁、感情も押さえてきたこと――を思って泣いたのだ。そんな記憶が、ある日、ブラッサンスに結びつくのだ。また興味深いことではあるが、ジョルジュの友人たちの多くは、遠慮してブラッサンスの孤独を邪魔しようとしなかったこと、彼の慎み深さを突破しようとしなかったこと、彼に、自分たち自身の（厄介でもある）敬意をいくらかでも忘れて近づこうとしなかったことを、悔いたのだ。ブラッサンス、このとんでもない詩人は、自分ではそのつもりはなかっただろうが、フランス人全体にとって恐らく、父親のような存在だったのだ。

　この声が聞こえなくなった日、別の声が世界中から起こってきた。何十もの国々において（多かれ少なかれこっそりと）式典が行われ、亡き歌手は後進の歌手たちにバトンを渡した。フランス語圏の作詞作曲家の中でも、あらゆる国の歌手たちに最も多くカバーされた一人であるブラッサンスは、フランス人のある種の物の見方を象徴している。自由主義者であり個人主義者、無愛想だが善良、心広く、友情に厚く、愛においてはロマンチスト。パコ・イバニェス Paco Ibáñez はスペイン語でブラッサンスのアルバムを出し、フランスでも相当の成功を収めた。同様に、ドイツ語、英語、イタリア語、カタロニア語、コルシカ語、ヘブライ語、フィンランド語、ロシア語、ポルトガル語、オランダ語、チェコ語、ワロン語、スウェーデン語、ポーランド語、クレオール語、等の翻訳がある。そのためブラッサンス・ファンによる国際クラブが結成され、多くの出不精者たちにも旅心を与えている。

わがままにも我々は、勝手気ままにブラッサンスを聴いている。親のレコードプレイヤーで彼の歌を聴いていたときには、どの歌にも興味を惹かれず、苛立ちさえ覚えていたのに、ある日、たぶん普段より気分が暗かったからか、彼の歌を耳にし、その虜になってしまうこともある。しかも歌詞は別の人、アントワーヌ・ポル[1]によって書かれていたり、歌っていたのも彼ではなく、フランシス・カブレル Francis Cabrel だったりすることもある。

だが、挫折感におそわれたとき
ちょっぴりの期待をもって
垣間見た幸福のことを　ひとは思い出す
自分を待っていたはずの　あのハートのこと
口づけもようしなかった　あの唇のこと
二度と再び見る事のない　あの目のこと
そこでさて　失意の夜な
回想の　まぼろしの数々に
孤独の身を　まぎらせながら
引きとめることの　かなわなかった
あの行きずりの　美女たちの
不在のくちびるを偲んで　ひとは泣く(2)（松島征訳）

そして遠回りではあったが彼の作品が心の琴線に触れることになり、何度も何度も楽しんでむさぼり聴くようになる。だから彼の歌を聴く人には、ブラッサンスはいつも生きているのだ。

もしも墓場で
近いうちに葬式をすることになれば
私と見間違うような
死体を埋めることになる
涙の排水栓を抜いて
舞台の袖にいる黒子を溺れさせないで
それはお笑いぐさでしかなく
みせかけの退場に過ぎない
そして、どんでん返し
笑劇が演じられたと思い
「時」がさっさと立ち去った時には

私は幸せ、朗らか
拍手喝采に応えるため
地下納骨堂を掘り起こして現れる
まだまだ今日明日のことじゃないよ
いやはや、私の通夜は

【訳註】

（1）本名Francis Cabrel（一九五三〜）一九七〇年代以降活躍するフランスのシンガーソングライター。幼少期に馴染みのあるオック語でも、作品を書いている。

（2）「行きずりの女たち *Les passantes*」朝日カルチャー・センターに於ける松島征氏の講座テキスト「フランス文学とシャンソン」第三回「時流に逆らって」二〇〇〇年六月三日「行きずりの女たち」より抜粋。

ブラッサンス語録

歌というもの

「私はシャルル・トレネが大好きです。戦前の私のアイドルの一人はレイ・ヴァンチュラ、そしてリス・ゴーティ Lys Gauty でした。実際、私は歌の全てが好きです。ある歌が好きになると、その作者、歌手、プロデューサーが誰であろうと私には関係ないのです。私が何故ティノ・ロッシが好きなのか説明できません。神のみぞ知る、ですがティノ・ロッシの声で歌ったらまた別世界が開けたかと……」

さまざまな歌

「聴衆の好みに合っていればその歌は良い歌なのです。それが良い趣味であろうとなかろうと構わないのです。何故ならキャビアの好きな人もいれば、鰯の缶詰が好きな人もいるのですから。私の場合も同じことなのです。要するに、ブラッサンスの好きな人もいればシェイラ(1) Sheila とかクロード・フランソワ(2) Claude François が好きな人もいるのです。場合によってはそれは同じかもしれない。何故私はティノ・ロッシが好きなのでしょうか？　何故私はあなたにクロード・フランソワの歌をいくつか歌ってあげることができるのでしょうか？　単にそれが好きだからです。だからその歌詞の質がマラルメあるいはヴァレリーに比べて芳しくないとしても、私にはどうでもいいことなのです。」

仕事

「一つのリサイタルを準備するのに一年はかかります。一つの歌を練り上げるのには一ヵ月かかります。余分な箇所を削除し、適切な伴奏を見つけるのには、一ヵ月必要なのです。しかし一ヵ月かかるといっても……、私は一度に二十ほどの歌を同時進行で作ります。そして一つがうまく行かないときには、また別のにかかります。粉ひき小屋に入るのとは違い、簡単には中に入れない歌もあるのです。最初聴いたときには気に入ったものでも、私はそれを磨き上げ、改良を加え、より近寄りがたい雰囲気の歌にすることもあります。」

ギター

「私の楽譜はとてもやりにくい！　とプロのミュージシャンは皆言うでしょう——連中は私よりもっとレベルの高いミュージシャンなのですが。よく言われることとは違って、ズンチャッチャ、でない伴奏で歌うのはとても難しいのですよ。私の記憶力とか注意力の一部はギター演奏の方に集中してしまいます。ギター演奏に力を費やした分だけ、歌詞はおろそかになります。ポケットの中に手を入れて歌う方がもっと易しいのです。今では、私は痩せてしまいました。かつて百キロあったころは、片足で二時間立っているのは、八時間、土運びするより疲れました。」

コン（馬鹿者）たち

「私は口髭の中でぼそぼそと話すものですから、私は人をコン con（馬鹿者）扱いしていると思われていました。そんなことはないのです。デビューしたての頃、それは二十歳の頃でしたが、一度あるキャバレーで、観客をコン扱いしたのです。ジャーナリストがそれに飛びついて、伝説が生まれたのです。歌の合間に、つい私は独り言を言ってしまうのです。『くそったれ、お前は正しく歌っていないじゃないか。』と独り言を言うのです。それに私はいささかブツブツとつぶやくものですから、コンと言ったのではないか、と思われてしまうのです。もし私が『私の高音は明瞭でない』と言っても、それを聞いたひとは『お前たちは皆、チンピラだ。』と聞いてしまう。もし私が彼らをコンだと思っていたとしたら、わざわざ苦労して歌を作るようなまねはしないでしょう。」

内気さ

「観客は多くをもたらしますが、その一方で、また多くを奪い取っていきます。怖気を与えるのではないにしても、結局、観客の前に幾分、身を晒すことになり、私はそれが好きではないのです。私は自分を露出することが好きなタイプではありません。しかし逆説的ではありますが、自分のことをあまり話したがらない人が、公の場で自分のことを話してしまうことがあります。それは、私の歌の中には私の全てが入っているからです。それは私だけではないと思います。ジャン・ギャバンはとても内気でした、そのため彼は人付き合いの悪い人間だという評判をとりました。けれども魅力ある男でした。」

オーヴェルニュの人

「私が『オーヴェルニュの人に捧げる歌』の作者だから私が好きだ、という人がたくさんいます。私はその人たちを拒絶するつもりはありませんが、彼らは『オーヴェルニュの人に捧げる歌』や『エレーヌの木靴』を書いた私しか知らない。私としては、もしブラッサンスを愛してくれるなら、ブラッサンスの全てを引き受けてもらわなくてはなりません。しかし今の私は、私の全てが理解されていなくても、大したことではないと思っています。私にはどうでもいいことです。友達は充分います。こんなに。もうこれ以上は要りません。」

フェルナンド

「私は学生の歌とか衛兵隊の歌[3]がとても好きです。『フェルナンド *Fernande*』という歌があるのですが、『フェルナンドに会うと、僕は勃起する……』(4)と歌うと、私は抗議を受けます。しかしテレビでは女の子がフェラチオしているシーンがあります。完全にではなくても、それに近いものです……。『フェルナンドのことを思うと、僕は勃起する』という歌詞はそれに比べたら可愛いものです。子供たちは『勃起する』ということが分かっていないのではと訝るのです。注目していただきたいのは、『おかま enculé』という言葉を私は一度も使ったことはありませんが、六歳の時にはすでに知っていたことです。私はこのことを子供たちに教えるつもりなどありません。だから、それが何のことなのかを知る必要があるのです！　実際、単語そのものは恐怖を与えたとしても、『フェルナンド』の中では取るに足りない言葉なのです。その上、これはジョークなのですよ……。」

ウエスタン

「私はウエスタンやギャング映画が大好きです。もっとも男ならみんなそうでしょうけれど……。女の子たちは恋物語が好きです。男たちは恋物語を見るよりもそれを地で行くのが好きなのです。まあ例外もあるでしょうが……。私は音楽映画も好きです。フレッド・

アステア Fred Astaire の映画なんか、全部見ますよ！　コール・ポーター Cole Porter や、ガーシュウィン Gershwin の音楽を用いた映画も……。私は映画の中でルイ・アームストロング Louis Armstrong が二時間も演奏しているのを、飽きずに見ていることだってできます。」

ロック

「ロックがフランスにやってきた時、私は馬鹿なことを言わなかったごく少数の人間です。私がエルヴィス・プレスリー Elvis Presley を聞いていた時、私のまわりのエルヴィスを嫌いな人たちはうろたえていました。私がエルヴィスが好きだと言うと驚く人がいるかもしれません。しかし私はプレスリーがまだ有名ではなかった一九五八年当時、すでに好きでした。」

【訳註】

（1）本名：Annie Chancel　主に一九六〇～七〇年代に活躍したフランス人アイドル歌手。

（2）一九六〇～七〇年代に活躍したフランス人歌手。ヒット曲に、「マイ・ウェイ *My way*」の元となった「いつものように *Comme d'habitude*」など。

（3）学生の歌も衛兵の歌も双方、猥談や糞尿譚が多い。

（4）ここで著者はブラッサンスが「僕はフェルナンドに会うと勃起する Quand je vois Fernande je bande…」と口にした、と書いているが、実際の歌詞は、二回目に言い直した「フェルナンドのことを思うと、僕は勃起する Quand je pense à Fernande, je bande」である。「会うと」という文言は歌詞にはないが、ブラッサンスがインタビューで言い間違えた可能性もある。

音源資料

ブラッサンス音源

『ジョルジュ・ブラッサンス全曲集 « Georges Brassens, L'Intégrale »』（Mercury-Philips 836 309-2）(1) これ以上、何を望むことがあろうか？

1.『悪い噂 « La mauvaise réputation »』(Mercury-Philips 836 289-2)

このアルバムには二十四曲、クラシックな（とは作品を評する際、よく用いられる用語であるが）、つまりブラッサンスの代表曲ばかり、最初の三枚の二十五センチアルバムから抜粋され収められている。彼の一枚目のアルバムは一九五三年に発売された。そこには、ブラッサンスの様々な側面が収められていることがすぐにわかる。例えば反体制的な「ゴリラ」とその「破廉恥」なオチ、である。

何故なら判事は
その至高の瞬間に
叫んだのである「ママン！」と
そして大いに泣いた
その同じ日に
彼が斬首させた
男と同じように

そんなブラッサンスも「橋を渡るだけで十分 *Il suffit de passer le pont*」や「雨傘」（そこにはトレネの影響が感じられる）の中では、牧歌的でロマンチックな面も見せた。センチメンタルな面持ちの「オーヴェルニュの人に捧げる歌」、そしてまったくもって大胆な

「警官たちの妻の臍 *Le nombril des femmes d'agents*」の中では、シュールレアリストの香りも漂わせていた。しかし必要なときは彼は無論、ポエジーの種をまく人を演じることもできた。彼はポール・フォールの「小さな馬」や「船乗りの恋のように *La marine*」、ルイ・アラゴンの「幸せな愛などない」、フランソワ・ヴィヨンの「古えの奥方たちのバラード *Ballade des dames du temps jadis*」を大衆化することも知っていた。

2 『僕の木のそばで « Auprès de mon arbre »』(Mercury-Philips 836 290-2)

ヴィクトル・ユゴー Victor Hugo の作品が二つ、ポール・ヴェルレーヌの詩が一つ、フランシス・ジャムの詩も一つ。この時点ではブラッサンスはまだ、一見素朴そうで実は衝撃的なメロディをつけて、自分が好きな詩歌を飾る術を心得ていた。つれない「可愛いジョー」との冒険話の後に書かれた「きれいな花」が一曲目で、陽気な雰囲気でアルバムは始まった。そして「道を誤った人 *Celui qui a mal tourné*」が見事な四行詩でアルバムを締めくくっている。

その時、人々が、素晴らしい人々が
この世にはまだ残っていると、私には分かった
それで私は泣いた、地に尻を下ろして
体中の涙を流して(2)

この二曲の間に、欠かすことができない（もしくはほとんどできない）曲がずらりと収められている。「僕の木のそばで」「遺書」「俺はすっかり従順になった」や、一風変わった「アルシバルおじさん」、最高にメロドラマ風な「結婚行進曲」もあり、その一節「群衆は目を剝いて我々を見ていた(3)」を聴きながら我々は、楽しい午後のひとときを過ごすことができる。そして「わが心の森には」も収められている。

3．『ポルノ作家《Le pornographe》』（Mercury-Philips 836 291-2）

二十ばかりのお馴染みの曲の中に前菜として、例のパタシューとのデュエット「ママン、パパ」も含まれている。この歌をパタシューは何連かを省略することで、ラジオでもかけ

られるような長さにしたのであった。そしてメインディッシュは、「サンタクロースと少女 *Le père Noël et la petite fille*」、これは現代の嫌味たっぷりなお伽話である（バルバラが歌っているのを聴いたこともあるはずだ）。「姉妹みたいに *Comme une sœur*」は子供の数え歌に似ている。

姉妹みたいに似ていた、髪を切られ、髪を切られ
彼女は自分のお人形に、お人形に似ていた[4]

「ビストロ *Le bistrot*」は、絵のように美しく描かれた作品だが、ブラッサンスがこよなく愛していたパリの旧市街の下町を舞台としていた。メランコリックでメロディの美しい「ペネロープ」も素晴らしい。デザートは、「ルイ王の果樹園 *Le verger du roi Louis*」、その美しい中世風なリズムを堪能しよう。詩はテオドール・ド・バンヴィル Théodore de Banville である。

4.『仲間を先に（邦題：パリジャン気質）« Les copains d'abord »』(Mercury-Philips 836 292-2)

ブラッサンスの想像上の家族の中で、「ネストルおじさん *Tonton Nestor*」は「アルシバルおじさん」より小品で、地味な扱いになっている。しかし「アルシバルおじさん」とて、食前酒程度の扱いである。なぜならその後に控えているのが、素晴らしい「澄んだ泉のほとりで」や、魅力的な「私は愛しい美女のところへ行く *Je rejoindrai ma belle*」、心地よい「もし善なる神がそれを望まれたのなら *Si le Bon Dieu l'avait voulu*」（ポール・フォールの新作で、このアルバムには他にも彼の新曲が三曲含まれている）、そして傑作の「売春婦たちの嘆き *La complainte des filles de joie*」、「時は経っても事態は変わらぬ *Le temps ne fait rien à l'affaire*」（«*Quand on est con, on est con*» で有名なあの曲である）もあれば、ユーモアたっぷりの「噂の吹聴師たち」（第七節の「今や少年愛は罪には割に合わない[5]」などといった時代遅れな文言もあるが）、謹厳な「ジャンヌ *Jeanne*」、感動的な「古えの恋人たち *Les amours d'antan*」、わかりやすい「暗殺 *L'assassinat*」や「笛吹きの少年 *Le petit joueur de flûteau*」、そして、もちろん言うまでもなく「仲間を先に」も入っている。

5.『セートの浜に埋葬を望む嘆願書 « Supplique pour être enterré à la plage de Sète »』(Mercury-Philips 836 293-2)

たった十四曲しか入っていないが、ブラッサンスの作品中、最も重要な曲ばかりである。二曲は多少なりとも、同じテーマについて書かれている。すなわち、戦争（「二人の叔父」と「丸刈りにされた女」）そして、昔の恋の痛みである。

ある年の九月二十二日、あなたは悪魔のところに行ってしまった
以来、毎年その日になると
私はあなたを思い出してハンカチを濡らしていた
さて、また今年もその日になったが
私には何の感慨もない
もう一滴の涙も目には浮かばない
九月二十二日なんて、私はもうどうでもいい(6)

女性らしい体の曲線へのまわりくどい賛歌（「きれいなお尻のヴィーナス」）もあれば、ずっと愛し続けている女性への美しい言葉（「サテュルヌ」）もある。「セートの浜に埋葬を望む嘆願書」は、ブラッサンスが両親や友人たちの埋葬が続いていた時期に書かれた。愉快な「幽霊」や背徳の「尻たたき *La fessée*」、のように、彼の信条告白のような歌もある。

複数になることは人間には何の価値もない。
四人以上になるやいなや
皆、馬鹿者の集団になるのだから(7)

トラウマになるような若き日の思い出（「四人の若者」）もある。調子が変わり、より重々しくなったが、文体はより豊かになっている。

6．『独身主義者のバラード « La non-demande en mariage »』（Mercury-Philips 836 294-2）

またも選ばれたのは十四曲である。まずは、「独身主義者のバラード」である。

僕は謹んで
君に結婚を……
申し込みません。
僕らの名を
羊皮紙に
刻まないようにしましょう(8)

後に続くのは魅力あふれる「楢の大木」(友情と信頼の裏切りについてのたとえ話)と滑稽な「卑劣な競争 *Concurrence déloyale*」である。

哀れな街娼の口から
彼女たちはパンのかけらを奪うことになる
不愉快極まりない(9)

この作品に呼応するのは、「女嫌いはさておき *Misogynie à part*」と、かの有名な区別し難い一節「うんざりな女、うんざりさせる女、うんざりさせられる女 Les emmerdantes, les emmerdeuses et les emmerderesses」[10]である。

「中世に憧れて *Le moyenâgeux*」の中の美しい告白も挙げておこう。

ああ、くそ！ なぜ私は生まれなかったのか、
一四〇〇年と一五〇〇年の間に[11]

「ベカシーヌ」にはベカシーヌの驚くべき姿も書かれている。これは「エレーヌの木靴」に続き、民衆のヒロインを正当に評価する作品である。そして「修道女 *La religieuse*」では修道女の不遜な姿も描かれる。もう少し重みをもたせるため、ラマルティーヌ Lamartine とジャン・リシュパン Jean Richepin の詩をそれぞれ付け加えよう。このＣＤもまた、ブラッサンスマニアが是非ともコレクションに加えるべきＣＤである。

7.『思想のために死す « Mourir pour des idées »』(Mercury-Philips 836 295-2)

繰り返しにはなるが、このCDも必要不可欠であると言明しよう。逸話的であまり知られていない「ユリシーズのように幸福」は、アンリ・コルピとジョルジュ・ドゥルリューGeorges Delerue の手になる同名映画の主題歌であるが、ブラッサンスによって美しく歌われている。続く「フェルナンド」はブラッサンスの最大の成功作の一つではあるが、深入りせずに次へ行こう。むしろ「盗人に捧げるバラード」に目を向けよう。ピエール・ニコラが弓で弾く対旋律が魅惑的である。「どこかで生まれた人たちのバラード」も同様に成功作の一つであり、実に感動的でジャズ調の「王女と三文楽士」や繊細で中世的な「女体賛美」も同様である。そしてギュスターヴ・ナドーGustave Nadaud やアルフレッド・ド・ミュッセ Alfred de Musset、アントワーヌ・ポルの作品も、ブラッサンスやジャック・イヴァール Jacques Yvart らが素晴らしい演奏で聴かせてくれる。

8.『聖水盤の中の嵐《Tempête dans un bénitier》』（**Mercury-Philips 836 296-2**）

ブラッサンスの生存中に出た最後のアルバムである『聖水盤の中の嵐』は、「死を欺け」に通じている。「死を欺け」は、歌いながらブラッサンスが悲しい微笑みを湛えているのが、眼に見えるようである。その後に来るのが郷愁の思いに誘われる「水きり遊び」で、この歌は彼がパリに下った（セートでは誰もパリに上るとは言わない。パリに下るのである）頃の初舞台を歌った歌である。そして「聖水盤の中の嵐」はラテン語でのミサの典礼を懐かしむ歌であり、「過ぎ行く時の大通り」がそれに続く。そのあと特に人気が高いのは、謎めいた「ドン・ファン」であり、卓越した「愛の神は気にもしない *Cupidon s'en fout*」である。このCDは他にも珍しい曲を入れている。「地下室のネズミへのエレジー *Élégie à un rat de cave*」、このアルバムの中では唯一の未発表曲である。この歌は一九七九年、ムスターシュとレ・プチ・フランセ[12] Moustache et les Petits Français なるジャズオーケストラの演奏によるブラッサンスのヒット曲のインストルメンタルアルバム（ブラッサンスはギターで参加）の中で、特別にブラッサンスが歌でも参加して発表された曲である。

9.『ジャン・ベルトラによるブラッサンス最後の歌の数々 « Dernières chansons de Brassens par Jean Bertola »』(Mercury-Philips 836 297-2)

小学生用ノートに書かれた十七曲、これをブラッサンスは録音すべく準備しているところで、死神の餌食となった。彼から松明を受け継いだのがジャン・ベルトラ。ベルトラはブラッサンスの伝統を継承し、歌唱も担った。ピエール・ニコラ、ジョエル・ファヴローに加え、モーリス・ヴァンデ Maurice Vander はピアノを、クリスチァン・ガロス Christian Garros はパーカッションを、ジェラール・ニオベ Gérard Niobé がギターを弾いた。伴奏陣も通常より豪華だったが魔法でブラッサンスを蘇らせることはできなかった。我々の永遠の友であるブラッサンスへの感謝は止むことはない。彼は最後に我々に、素晴らしい「訪問 *La visite*」を歌って聴かせてくれたのだ。

我々は青髭ではなかった
禿でも、疥癬持ちでもなかったし

寄生虫持ちでもなかった
剣客でもなかった
我々は隣の国からやって来た
我々は訪ねてきたのだ(13)

「ディド通りとヴァンヴ通りの間に *Entre la rue Didot et la rue de Vanves*」、さらに「馬鹿者が勇敢になるとき *Quand les cons sont braves*」も収められている。

10.『ジャン・ベルトラの演奏によるブラッサンスの文化遺産 « Le Patrimoine de Brassens interprété par Jean Bertola »』(Mercury-Philips 836 298-2)

このアルバムで取り上げた十二曲は全て未完成曲である。ベルトラは、作曲されていない歌詞についてはその音楽を想像したり、まだ歌詞のついていない音楽を別の歌詞に用いたり、という重い責務を負った。その結果、「反キリスト *L'Antéchrist*（無論、群衆がこの英雄を敬うのは当然である／彼はかつて、ゴルゴダ山のてっぺんに／その時間に間に合うよう／登山をしに行ったのだから）」や「レジオン・ドヌール勲章 *La Légion d'honneur*」、「歌うことができる者よ恥を知れ *Honte à qui peut chanter*」「ジャンヌ・マルタン *Jeanne Martin*」などを興味深く聴くことができる。

11.『英国でのジョルジュ・ブラッサンス《Georges Brassens in Great Britain》』（Philips (Y9101005)(14)

録音は一九七三年十月二十八日、カーディフにおいて行われた。一九七四年十月にはレコードでオリジナル盤が発売されたが、後にCD化された際、ボーナストラックとして六曲付け加えられ現在のような形になっている。ブラッサンスを語るのに不可欠な曲が何曲も含まれている。「エレーヌの木靴」「僕の木のそばで」「大殺戮」「気のいい男」「サテュルヌ」「ゴリラ」「悪い噂」「オーヴェルニュの人に捧げる歌」「仲間を先に」などである。

12.『ジョルジュ・ブラッサンス、幼少期の歌を歌う « Georges Brassens chante les chansons de sa jeunesse »』（Mercury-Philips 848 930-2）

一九八〇年、ジョルジュ・ブラッサンスは、ラジオ・Monte Carlo および友人リノ・ヴァンチュラのペルス・ネージュ障害者支援協会のため、彼が幼少期に覚えた曲を二十七曲録音した。「良き友を持つこと Avoir un bon copain」から「恋はあなたのそばを通って行った *L'amour est passé près de vous*」まで、ミレイユ Mireille、レイ・ヴァンチュラ、ジャン・ボワイエ Jean Boyer、ヴァン・パリス Van Parys、ジャン・トランシャン Jean Tranchant、ヴァンサン・スコットらのレパートリーである。ブラッサンスにとってはこの録音は、こういった過去の全ての歌手や作詞作曲者に敬意を表するためであり、彼の母親がこれらの歌を歌っていたのを聴いていた喜びを、再び蘇らせるためでもあった。感動的で生命力に満ちたCDであり、ボーナストラックとして、ブラッサンスが自由曲をスペイン語で歌った三曲（よい出来上がりである）も含まれている。「悪い噂 *La mala reputación*」、「ジャンヌのあひる *La pata de Juana*」（ブラッサンスの思わず出た一言「俺をウンザリさせようなんて、そうはさせるか、俺がウンザリさせてやる！[15]」も入っている）、そして「遺言 *El*

Testamento!」である。

『ジョルジュ・ブラッサンス　国立民衆劇場《Georges Brassens TNP》』（**Mercury-Philips 534 149-2**）[16]

一九六六年、ブラッサンスの健康状態が危惧された。重度の腎疝痛に悩まされていたからである。フランス通信社ＡＦＰが「不確かであるが」としながらも彼の訃報を報じることさえあった。そのためブラッサンスは、慇懃無礼な調子でコメントを出した。「それはあんまりな仰りようで。」しかし予期せぬこのライヴ盤は、ごく最近録音されたものだったので、このアルバムが詩人が存命であることを彼のファンに証明してくれた。十一曲が未発表（「独身主義者のバラード」、「尻たたき」、「セートの浜に埋葬を望む嘆願書」など）であり、そのほかの曲も非常に文学的色彩に溢れ、彼のもっとも知られた作品の一部となっている（「サテュルヌ」「レ・キャッザール *Les quat'z'arts*」）。いずれにせよ、このコンサートが心揺さぶられるものであることに変わりはない。

日本語版（訳詞・解説付き）[17]

『ジョルジュ・ブラッサンスのすべて《Poésie et Chanson: Georges Brassens》』

OMAGATOKI / NIPPON PHONOGRAM, SC-3104-5 (2CD), 1987.

塚本邦雄氏による解説、大野修平氏による曲目解説、油谷耕吉氏による全訳、と非常に丁寧に編集されている2枚組ＣＤである。

『ジョルジュ・ブラッサンスのすべて　Ⅱ《Posésie et Chanson: Georges Brassens》』

OMAGATOKI / NIPPON PHONOGRAM, SC-3108, 1992.

こちらは全体の解説も曲目の解説も大野修平氏である。個々の歌詞の対訳者名は明記されていない。前作と同様に油谷耕吉氏の可能性もあるが不明である。

ブラッサンスへのオマージュ[18]

『バルバラ、ブラッサンスとブレルを歌う « Barbara chante Brassens et Brel »』（Mercury-Philips, volume 2 de l'Intégrale 510 899-2）

ブラッサンスの世界があまりにも頑固一徹である、と思っている人、および彼の歌い方はあまりにも一本調子である、と思っている人には速やかなる購入をお薦めするＣＤである（ただし、バルバラの癖の強い歌い方にアレルギーがなければ、であるが。その場合は『マクシム・ル・フォレスティエ、ブラッサンスを歌う』の方をお薦めする）。というのも、バルバラが選んだこの六曲[19]は、一九六〇年発売の二十五センチアルバムから抜粋された曲で、ごくシンプルに、バルバラのピアノとエレック・バクシク Elek Bacsik のギターだけを伴奏として歌われており、ブラッサンスが通常は控えめにぼやかしていたニュアンスをあからさまに前面に押し出しているのである。かくして、「結婚行進曲」に含まれていたあらゆる作劇法が白日の下に晒され、曖昧にされていた「サンタクロースと少女」も、「哀れなマルタン」の苦悩も、「ペネロープ」の穏やかな皮肉も、「幸せな愛などない」の絶望感も、「エクトールの妻 *La femme d'Hector*」のユーモアも、ブラッサンス初心者の耳には、より明確に感じられるのである。ブラッサンスに近づく第一歩としては、欠かせない一枚である。

『ジョエル・ファヴローの編曲でブラッサンスを歌おう　CD二枚組 « Chantons Brassens sur des orchestrations de Joël Favreau »』[20]**（Flarenasch-Musidisc MU 768 182042）**

フランソワーズ・アルディ Françoise Hardy、アラン・スーション Alain Souchon、ピエール・リシャール Pierre Richard、マニュ・ディバンゴ Manu Dibango ら、これ以上ない錚々たるメンバーが、この世を去ったブラッサンスに奇抜なオマージュを捧げている。音頭取りはブラッサンスの最後のギター伴奏者となったジョエル・ファヴローである。フィリップ・レオタール Philippe Léotard の、皮肉で粗野な歌い方も「サテュルヌ」の雰囲気にはよく合っているし、ジャズっぽく歌われたミシェル・フュガン Michel Fugain の「俺はすっかり従順になった」も、ジョジアンヌ・バラスコ Josiane Balasko のおかげで楽しい歌となった「売春婦たちの嘆き」も秀逸である。バラスコは大まじめにこの歌を歌ったのである。ルノーRenaudの感動的な「道を誤った人」もあり、とりわけこれがこのアルバムの白眉と言えるものだが、フランシス・カブレルの「行きずりの女たち」は、彼の自作以上に「カブレル的」な仕上がりである。二枚目のCDでは、ファブローのアレンジによる演奏に乗って口ずさみながら、友人たちとカラオケを楽しむこともできる。

『ルノー、ブラッサンスを歌う«Renaud chante Brassens»』（Virgin 840702）

パリの十四区にあるルノー[21]Renaud宅で録音され、ジブラルタル[22]から貸し出されたブラッサンス所有のファヴィノ・ギターで演奏された。このアルバムの優れている点は、簡潔さと誠実さである。ルノーのような気難しい歌手が、自分のお気に入りの歌に取り組んだのである。「俺は不良少年」「エクトールの妻」「サンタクロースと少女」もあり、「大殺戮」もある。ルノーのファンも、ブラッサンスのファンも、双方にとって確実に満足のゆくCDである。

『マクシム・ル・フォレスティエ『ブラッサンスの12の新曲（死後のささやかな楽し

み）**« Maxime Le Forestier, 12 nouvelles de Brassens (petits bonheurs posthumes)»**』（**Polydor 533 438-2**）

ブラッサンスの死後発売された、ジャン・ベルトラの手により監修および音楽化された二枚組ＣＤの中から、シンガーソングライターであるマクシム・ル・フォレスティエが掘り起こした十二曲である。「学校の女教師 *La maîtresse d'école*」「孤児 *L'orphelin*」など、しみじみと味わえる十二の小さな宝石が並んでいる。

『マクシム・ル・フォレスティエ『ノート　ブラッサンスの40曲ライヴ盤« Maxime Le Forestier, Le Cahier. 40 chansons de Brassens en public »』（Coïncidences/Polydor 557 360-2）

これは、勿論ブラッサンスの世界には違いないが、と同時にマクシム・ル・フォレスティエの世界でもある。「どこかで生まれた *Né quelque part*」[23]の作者であるル・フォレスティエ、開けっぴろげで情熱的で、真の歌手としての天賦の才を持つ彼が、ブラッサンスの四十曲を独自の解釈により、一九九八年一月、八夜続く記念すべきライヴで歌った。傑出した作品であり、簡潔さと知性をもって仕上げられた作品である。

珍品ではあるが……

『我が道を行く、ジョルジュ・ブラッサンスに捧げる《My Own Road, A Tribute To Georges Brassens》』（ＥＭＩ）

星の数ほどあるジョルジュ・ブラッサンスへのオマージュとして作成されたアルバムの中で、この驚くべき企画を紹介しよう。一九九八年に発売された、様々な要素がごちゃまぜになった（それも英語で！）ＣＤである。スローター Slaughter なるバンドによりハードロックに仕上げられた「悪い噂」、ジェファーソン・スターシップ Jefferson Starship の手にかかり、別物となった「マリア様、ごきげんよう *Je vous salue Marie*」、ブラック・ウフル Black Uhuru の手になるレゲエバージョンの「俺はすっかり従順になった」、ヤングＭＣ Young MC による「ゴリラ」などである。全体を通して全てが上出来とは言えないが、驚くべき一枚である！

【訳註】

（1）ここで著者が取り上げている『ジョルジュ・ブラッサンス全曲集《J'ai rendez-vous avec vous – 12 disques compacts, Philips/Phonogram (836 309-2)》』は一九八八年に発売された後、一九九一年に再発売されている。《J'ai rendez-vous avec vous – 12 disques compacts, Philips/Phonogram (848 944-2)》。この全曲集の各ＣＤの製品番号は、一九八八年時の製品番号である。なお便宜上、ＣＤの冒頭に1から12までの通し番号を付けたのは、監訳者である。ブラッサンスのオリジナルアルバム（スタジオ録音盤）をそれぞれ年代順に聴いて行きたい場合は、何種類か出ている。例えば二〇一〇年にはMercury UniverselからＣＤ十四枚入り《Georges Brassens: L'Intégrale des albums originaux》(WA-20854201)などが発売されている。

（2）「道を誤った人 *Celui qui a mal tourné*」

（3）「結婚行進曲 *La marche nuptiale*」

（4）「姉妹みたいに *Comme une sœur*」

（5）「噂の吹聴師たち *Les trompettes de la renommée*」

ブラッサンスがこの歌を書いた一九六四年当時は、ホモセクシャル行為は犯罪であった。しかし一九八二年の法改正によりフランスでは犯罪とはみなされなくなったため、「時代遅れな文言」と著者は書いている。

（6）「九月二十二日 *Le vingt-deux septembre*」

（7）「複数形 *Le pluriel*」

（8）「独身主義者のバラード *La non-demande en mariage*」

（9）「卑劣な競争 *Concurrence déloyale*」

（10）「女嫌いはさておき *Misogynie à part*」

（11）「中世に憧れて *Le moyenâgeux*」

（12）フランス人ドラマー Moustache こと François Alexandre Galépidès が率いるジャズオーケストラ。

（13）「訪問 *La visite*」

（14）一九八二年、一九九一年と二度ＣＤ化され、一九九一年以降は、Philips/Phonogram (848 944-2)。

(15) « Si tu me fais chier, je te le laisse pas faire et je le fais ! »

(16) 訳註1に記載したように、1―12の通し番号を付けた作品は、« J'ai rendez-vous avec vous - Intégrale » シリーズであるが、これ以降は単発作品である。

(17) 日本語版二種類については、監訳者の補足。

(18) 他の歌手によるカバーアルバムの紹介。

(19) 原著では著者は八曲と書いているが、バルバラがこの『バルバラ、ブラッサンスとブレルを歌う』のために選んだブラッサンスの曲は以下の六曲であり、「幸せな愛などない」は収録されてはいない。
「エクトールの妻」「ペネロープ」「哀れなマルタン」「結婚行進曲」「アルシバル叔父さん」「サンタクロースと少女」

この六曲に加え「幸せな愛などない」「尼さんの伝説 *La légende de la nonne*」を含む八曲が収録されているのは、一九六〇年発売の二五センチアルバム『バルバラ　ブラッサンスを歌う Barbara chante Brassens』（OS 1260）の方である。

(20) 一九九二年に発売されたこのアルバムは、現在では『彼らはブラッサンスを歌う « Ils

Chantent Brassens (sur des Orchestrations de Joël Favreau) »』（一九九六年 Flarenasch − 472 358／二〇〇五年 Wagram Music − 3103362）というタイトルで、一枚のCDに編集し直されている。
カラオケが収録されていた二枚目のCDが省かれ、新たな歌手を加えたり、同じ歌手でも前作とは別な歌を歌ったり、と様々な変更が加えられ曲数も十八曲である。ゆえにもう、カラオケで歌うことはできない。二〇〇五年の改訂版では、一九九六年で変更された選曲が元の « Chansons Brassens » 版にほぼ戻されているのが興味深い。

(21) 本名 Renaud Séchan（一九五二〜）一九六〇年代以降、フランスで最も人気のある歌手の一人。心温まるテーマから痛烈な社会批判、政治批判までの深刻なテーマまで扱う。

(22) ピエール・オンテニアントのあだ名。

(23) この作品は、マクシム・ル・フォレスティエの十枚目のアルバムのタイトル曲であり、ブラッサンスへのオマージュとして書かれた曲である。またこのアルバムには、ジョエル・ファヴローのアレンジによるブラッサンスの「訪問」も収録されている。

映像資料

この項目は原著には存在しないが、映像資料も有益であるので、監訳者が補足した。

ここで取り上げるＤＶＤは全てフランスで製造されているため、ＰＡＬ方式である。リージョンは日本とフランスでは同じなので、パソコンでは問題なく視聴できるが、通常の家庭用ＤＶＤデッキ（ＮＴＳＣ方式）では視聴できない可能性があり、注意が必要である。

« Georges Brassens-Coffret Album photo » -100ème anniversaire de sa naissance, Georges Brassens, Raphaël Delarue, Jacques Chancel, Jean-Pierre Chabrol, Claude Santelli, 21 octobre 2021.

生誕一〇〇年を記念して発売された特別版四枚組ＤＶＤ。ブラッサンスに関するドキュメンタリー映画や、彼が出演したテレビ番組等が複数収録されている。

« Le Grand échiquier : Georges Brassens », André Flédérick, 22 septembre 2021.

アンドレ・フレデリック監修。二枚組ＤＶＤ。ブラッサンスを取り上げた番組や、彼の歌唱映像も収められている。

« Georges Brassens : Auprès de mon arbre », André Flédérick, Pierre Nicolas et Joël Favreau, Warner Vision France, 24 avril 2006.

数々のドキュメンタリー資料からの抜粋と、ブラッサンス没後一年を記念する集まりで、ジャン・ベルトラがブラッサンスの未発表曲八曲を披露している。

参考文献

現在では入手困難な著作も含まれている。二〇二三年現在、改訂版が発売されている場合は、監訳者が（　）で記した。

ブラッサンスの著作

« A la venvole », Éd. Albert Messein, 1942.
« La lune écoute aux portes », Gallimard, Paris, 1947.
« La mauvaise réputation », réédition avec des dessins de Blanchon, Denoël, 1983.
« La tour des miracles », Jeunes Auteurs Réunis, réédition Stock, 1968 et 1990.

(Delcourt; édition illustrée, 29 septembre 2021)

« Poèmes et chansons », Éditions Musicales 57, réédition 1987. (POINTS, 16 mai 2018)

ブラッサンスに関する著作

« Georges Brassens », de Alphonse Bonnafé, collection Poètes d'aujourd'hui N° 99, Seghers, 1963; réédité chez le même éditeur dans la collection Le Club des Stars en livre compact, avec un tome 2 signé Lucien Rioux, 1988. (Pierre Seghers; Classiques / Poésie et chansons édition, 1er janvier 1991)

« Brassens », de René Fallet, Denoël, 1967. (Denoël, 10 octobre 2001)

« Brassens ou la mauvaise herbe », de André Larue, Fayard, 1970.

ブラッサンスがドイツでの強制労働に従事していた時代、および放浪生活時代についての貴重な証言である。

« Le vocabulaire de Georges Brassens (2 tomes) », de Linda Hantrais, Klincksieck, 1976.
ブラッサンスマニアを唸らせる真の注釈書である。

« Brassens », de Philippe Chatel, réédition aux éd. du Cherche-Midi, 1980.
序文ルイ・ニュセラ。ブラッサンスに心酔するシンガーソングライターの著作。対談形式となっており、写真やブラッサンスの直筆原稿、楽譜が全般に散りばめられている。

« Georges Brassens, la marguerite et le chrysanthème », de Pierre Berruer, Presses de la Cité, 1981.
少々古臭い共犯者的口調ではあるが、いくつかの興味深い逸話も載っている。

« Brassens », de Nicole Ligney et Cécile Abdesselam, Bréa, 1981.

« Georges Brassens auprès de son arbre », d'André Tillieu, Julliard, 1983. (Pocket, 1er septembre 1991)

このベルギーの元鉄道員は、最も几帳面なファンの一人である。彼の著作は、ブラッサンスについての最も魅力的な著作の一つと言えよう。

« Brassens », de Jean-Paul Sermonte, Séguier, 1988. 増刷版：« Brassens, le prince et le croque-note », Le Rocher, 1990.

« Georges Brassens, histoire d'une vie », de Marc Robine et Thierry Séchan, Fixot, 1991.

十分な裏付け資料とともに丹念に「埃を拭き取られた」ブラッサンスの人生が、二人のジャーナリストにより遠慮なく明かされる。

« Brassens ou la chanson d'abord », de Jacques Vassal, Albin Michel, 1991.
真にジャーナリスティックな調査が何十人もの関係者に対して行われ、そこにブラッサンスの作詞法、作曲法についての入念な分析が付け加えられている。本書の著者フロランス・トレデズ自身が非常に影響を受けた著作であるとのことである。

« Télérama hors série N° T2096 : Georges Brassens », 1991.
非常に完成度の高い著作である。

« Chorus n°17 : Spécial Georges Brassens », 1996.
ブラッサンスの人となりへのアプローチとしては完璧である。

日本語参考文献

いずれもブラッサンスについての単著ではないが、ブラッサンス、もしくはブラッサンスの楽曲に関してページを割いている著作である。これは原著には無い項目で、監訳者が補足した。


『シャンソンのアーティストたち』籔内力著　松本工房、一九九三年初版。

ブラッサンスについて数ページが割かれている。

『薔薇色のゴリラ　名作シャンソン百花譜』塚本邦雄著、北沢図書出版、一九七五年初版、一九九五年に増補改訂版。ブラッサンス論および2曲が訳されている。

『聴かせてよ愛の歌を―日本が愛したシャンソン一〇〇』蒲田耕二著、清流出版、二〇〇七年初版。エッセイの形でブラッサンスの曲も何曲か取り上げられており、後半は歌手自身についての記述もある。

『オーベルニュの人に捧げる歌―古賀力シャンソン名曲訳詞集』古賀力著、はる書房、二〇〇三年初版。ブラッサンスの歌詞は十曲訳されており、彼に関するエッセイも収録されている。

『NHKラジオ　フランス語講座』「二十世紀のシャンソン～反骨の詩人たち～」松島征
二〇〇一年五月号、pp.55-89。（改訂版二〇〇二年八月号）

インターネット上のサイト

著者引用のリンクに、監訳者が新たに三つのサイトを補足した。

« L'association Auprès de son arbre »
https://www.aupresdesonarbre.com/
「彼の木のそばで協会」このサイトには、ブラッサンスの思い出を始め、今もブラッサンスから影響を受け続けている音楽家たちについての情報が満載である。全てのブラッサンスファンにとって情報の宝庫と言えよう。（旧リンク：http://assoc.wanadoo.fr/adsa）

« Les amis de Brassens »
http://www.lesamisdegeorges.com/
「ブラッサンス友の会」ブラッサンスのファンサイトである。主宰はジャン＝ポール・セルモント Jean-Paul Sermonte。様々な情報に加え、作品毎の解説が詳しい。

« Georges Brassens »
https://www.georges-brassens.fr/reperes-chronologiques-1.html
ブラッサンスについて様々な情報を得ることができる。特に、彼についての雑誌や新聞の記事も読むことができて興味深い。主宰はパトリス・ロザノ Patrice Lozano。

« Analyse Brassens »
http://www.analysebrassens.com/
ブラッサンスの歌詞についての解釈、説明、分析がおこなわれている巨大サイト。誰しもが自らの解釈を書き込むことができる。

監訳者あとがき

「シャンソン研究会」というフランス語教師が中心となり運営している研究会があります。その会員の一人である佐藤正志氏から、同じく会員である緒方信雄氏がジョルジュ・ブラッサンスの評伝を翻訳し出版を考えておられる、その監訳をお願いしたい、とのご依頼があったとき、光栄なお話に驚きはしたものの、喜んでお引き受けしました。それは緒方氏の熱意や佐藤氏の友情に感銘をうけるのと同時に、これはブラッサンスを日本でもより広く、より良く知っていただく機会になると思ったからです。フランス人ジャーナリスト、フロランス・トレデズ氏が一九九九年に出版されたこの評伝は、原書で九十ページ弱、コンパクトで読みやすく、彼自身の言葉やその詩からの引用を交えて、実に簡潔にブラッサンスの生涯がまとめてあります。公園や通り、学校にまで名を冠される国民的英雄になったブラッサンス入門書として、これ以上の著作はないと言っても過言ではありません。緒方氏は、故・松島征氏（元京都大学名誉教授）によってカルチャーセンター等で開催されたブラッサンスに関する講座に出席しておられ、そこでブラッサンスとの「出会い」があったのでしょう。松島氏は、日本におけるブラッサンス研究の第一人者でした。「ブラッサンス研究」？　そうです。ブラッサンスはフランス語関係者が研究対象とするくらいに、深い教養と文学的慧眼にあふれた、一筋縄ではいかない歌詞を書いていたのです。ブラッサンスは没後四十年以上の時を経ても、関連する著作、若い歌手による再録音のリリースは後を絶ちません。フランスでは、歌において歌詞が重要視され、「自ら歌詞を書いて歌う」歌手が尊重されることは周知ですが、そのフランス人が誇りとする歌手の筆頭にあがるのが、このブラッサンスなのです。それどころか別格扱いと言っても過言ではありません。

にもかかわらず、残念ながら日本では彼に関する単著は一冊も出ておらず、また日本で愛好され歌われる「シャンソン」としても、彼のレパートリーは数えるほどしかありません。「雨傘」「あなたとランデヴー」「オーヴェルニュの人に捧げる歌」……そのくらいでしょうか。マニア以外には、日本での人気はエディット・ピアフやイヴ・モンタン、ジュリエット・グレコとは比較にもなりません。なぜなのでしょう？

その理由としてまずは、反体制的でフランスの時事問題や社会問題に切り込む歌詞など、日本語に置き換えるのが困難だったことがあげられると思います。そしてフランス語の歌詞の面白さや、洒落や地口、掛け言葉の機微は、別言語に訳して面白さが伝わるものではありません。また彼の強面の風貌や芸能人らしくない飾らぬいでたちも、日本の観客を惹きつける要素に欠けていたのかもしれません。そしてギター一本で（もしくは少人数のサポートミュージシャンのみで）歌われることが多い素朴な編曲と歌唱は、地味な印象を与えてしまいます。ブラッサンスの世界は、華やかなレヴューの舞台とは対極にあると言っても過言ではありません。

かく言う監訳者も実は一九八〇年代、フランスに留学中、初めてブラッサンスのカセットテープを買ってきて聴いた時、どれを聴いても同じに聞こえてしまい、曲の区別ができませんでした。素直にそうフランス人の友人に伝えたら、厳しく叱られました。「ユキ、彼の歌の魅力は、表面的なところにはないのよ。よく聴いたら一曲一曲の違いがわかってくるし、その歌詞が何といっても素晴らしいの。知れば知るほど、凄い人なの。」と真剣な表情で言っていた当時わずか二十歳の友人の顔は、今もって覚えています。

まさにブラッサンスは、フランスポピュラー音楽界の宝なのです。インターネット上にはブラッサンスの作品を理解し分析するための巨大サイト « Analyse Brassens (http://www.analysebrassens.com/) » もあり、ブラッサンス好きが各自、思い思いにコメントや解釈を書き込んだり、論議したりしています。

そんなブラッサンスのことを、歌詞のみならず、その人となりもこの一冊で少しでも知っていただけたら、と思います。「仲間を先に *Les copains d'abord*」と歌ったように、何よりも友情を重んじたブラッサンス。友人たちは、なかなか動かない熊のような彼を後押しし、世に出るきっかけを作ってくれました。最期の最期まで、彼の周りには、彼を愛する人たちが絶えませんでした。参考文献にも日本語で読むことのできるブラッサンス関連の情報をあげてあります。よろしかったら是非どうぞ。

本体の訳は、緒方氏の訳を監訳者の高岡が検討し、必要に応じて変更、修正を加え、注を付けました。緒方氏はフランス語がご専門外であるにもかかわらず、本書の訳に取り組まれたその高いフランス語力と熱意には、脱帽致しました。訳註及び音源紹介や参考文献、巻末の曲目索引は高岡が作成しております。もし全体を通して、不都合な記述などがありましたら、文責は全て高岡にあります。

歌詞の中にいくつか、松島征氏の訳を使用させていただきました。これは、カルチャーセンターでの講座で配布された松島氏作成のプリントから、緒方氏が選ばれ、佐藤氏が整理されたものです。その講座名は本書の引用箇所の注に記載してあります。ブラッサンスを敬愛された松島氏へのオマージュとして、そして師としての松島氏への変わらぬ思慕をこめて、私たちは引用させていただきました。もしご存命であったなら、この出版をどんなに喜んでくださったかと思います。松島氏の生前の貴重な教えに深く感謝する次第です。

この出版は、その実現のため、多大なる時間と労力を注がれ奔走された佐藤正志氏と、馬場（滝本）邑紗氏の、緒方氏への友情の賜物であることを付け加えたいと思います。ブラッサンスが仲間を何よりも大切にしたのと同様、まさに人と人との絆で完成致しました。そして翻訳にあたって、貴重な助言や示唆を与えてくれたファビアン・シェルボネ氏 M. Fabien Cherbonnet、マルヴィナ・ルコント氏 Mme Malvina Lecomte、神垣紀子氏にも深く御礼申し上げます。最後に、版権取得や出版準備にあたり積極的に動いてくださり、的確な指示も与えてくださった鳥影社の編集者　北澤晋一郎氏に心より感謝申し上げます。

【著者略歴】

フロランス・トレデズ Florence Trédez

週刊誌『エル《ELLE》』の、文化・社会欄を代表するジャーナリスト。歯に衣着せぬ鋭い切り込みで、週刊誌『テレラマ《Télérama》』や週刊新聞『シャルリ・エブド《Charlie Hebdo》』誌などでも活躍してきた。ブラッサンスやマドンナなどの評伝は高く評価されている。現在は『フランス2《France2》』局や『カナル+《Canal+》』局などテレビへの出演も多い。また、メンタルヘルス分野の革新的団体に焦点を当て、講演会や討論会、展示会などを企画する非営利団体『フェスティバル・ポップ&プシ《Festival Pop & Psy》』の創始者の一人でもあり、その芸術部門のイベント企画も手掛けている。

【訳者略歴】

緒方信雄（おがた・のぶお）

一九六三年　京都大学医学部医学科卒業

一九七〇年　仏リヨン大学エドワードエリオ病院にて研鑽

一九八一年　大阪市城東区で開業

【監訳者略歴】

高岡優希（たかおか・ゆき）

大阪大学言語文化研究科博士課程修了（言語文化学博士）

専門はシャンソン研究とフランス語教育

著作に教科書制作に加え、『声に出すフランス語』（白水社）シリーズには、入門編、初級編、中級編がある。シャンソン研究会（吉田正明編）編『シャンソン・フランセーズの諸相と魅力―民衆文化の花束―』（大阪大学出版会、二〇二四年）では第9章「バルバラ、父そして母」を執筆。

曲目索引

本著において引用されたブラッサンスの作詞作曲（もしくはそのいずれか）による楽曲で、ブラッサンスの録音が存在する楽曲のタイトルです。日本語のタイトルでアイウエオ順になっています。付加されている年代は、その曲がブラッサンスにより収録されたディスクの発売年です。

ア行

カ行

サ行

タ行

ナ行

ハ行

マ行

ヤ行

ラ行

ワ行

以下はブラッサンスの未発表の歌詞のうち、没後、仲間のミュージシャンたちによって作曲されたり録音された歌詞のタイトルです。

ジョルジュ・ブラッサンス
—シャンソンは友への手紙—

2024年6月30日初版第1刷発行
著　者　フロランス・トレデズ
訳　者　緒方信雄
監訳者　高岡優希
発行者　百瀬精一
発行所　鳥影社 (choeisha.com)
〒160-0023 東京都新宿区西新宿3-5-12トーカン新宿7F
電話 03-5948-6470, FAX 03-5948-6471
〒392-0012 長野県諏訪市四賀229-1(本社・編集室)
電話 0266-53-2903, FAX 0266-58-6771
印刷・製本　モリモト印刷

ISBN978-4-86782-091-9　C0073